U0669246

男孩的自驱型学习

〔美〕亚当·普莱斯◎著

李艳会◎译

HE'S NOT LAZY
Guide to Better Grades
and a Great Life

北京科学技术出版社

著作权合同登记号　图字：01-2022-5306

图书在版编目（CIP）数据

男孩的自驱型学习 /（美）亚当·普莱斯著；李艳会译. —北京：北京科学技术出版社，2022.11（2025.10 重印）

书名原文：HE'S NOT LAZY Guide to Better Grades and a Great Life : A Workbook for Teens & Parents

ISBN 978-7-5714-2584-5

Ⅰ. ①男… Ⅱ. ①亚… ②李… Ⅲ. ①学习方法 Ⅳ. ① G791

中国版本图书馆 CIP 数据核字（2022）第 176473 号

策划编辑：张子璇	电　　话：0086-10-66135495 （总编室）
责任编辑：张子璇	0086-10-66113227 （发行部）
封面设计：异一设计	网　　址：www.bkydw.cn
责任印制：吕　越	印　　刷：北京宝隆世纪印刷有限公司
出 版 人：曾庆宇	开　　本：710 mm×1000 mm　1/16
出版发行：北京科学技术出版社	字　　数：113 千字
社　　址：北京西直门南大街 16 号	印　　张：13.5
邮政编码：100035	版　　次：2022 年 11 月第 1 版
ISBN 978-7-5714-2584-5	印　　次：2025 年 10 月第 4 次印刷

定　　价：68.00 元

目　录

序　言

欢迎阅读本书！你的妈妈、爸爸或者关心你的某个大人买下这本书，想帮助你提高学习成绩。但有着强烈自尊心的你，会翻开看吗？说实话，你能翻到这一页，我感到十分欣喜。现在让我介绍一下自己，同时给你讲讲本书的主题和阅读本书的必要性。另外，我还要介绍一下在本书写作过程中给予我帮助的几位特殊的青少年朋友。

作为一名临床心理学家，30 年来我接待了许多前来进行心理咨询的儿童、青少年和成年人。最近几年，经常有父母带着他们的儿子走进我的办公室，跟我讲："这孩子没完全发挥出自己的潜能。"这时，我会反问他们："什么方面的潜能？"通常，用不了多久，我就会发现，尽管这些孩子不愿意承认，但他们无一例外都渴望提高学习成绩。他们之所以不愿意努力学习，是因为有东西拖住了他们的脚步，阻碍他们前进，但这种东西不是懒惰。我认为没有人天生懒惰，阻碍孩子前进的是另外一种东西。

　　为此，我想讲一讲我自己的故事。在我还是个孩子的时候，经常有人说我还有潜能没发挥出来。我有注意缺陷多动障碍，但那时候还没有人这么称呼它。关于注意缺陷多动障碍，本书多处均有提及。但在这里，我要告诉你，注意缺陷多动障碍只是让学习变得困难，而非变得不可能。我还想对家长说，注意缺陷多动障碍并不是横亘在孩子前进路上的唯一绊脚石，阻碍孩子前进的还有自我怀疑、焦虑、家庭矛盾等。结合多年来与学习成绩不好的男孩打交道的经验，我写了一本专供家长阅读的书，书名叫作《男孩的自驱型成长》。我想告诉每一位父母，不要和自己的儿子就作业的问题争执不休，要给他时间，让他想清楚自己的问题。尽管那本书是专门为家长打造的，但还是有家长询问是否可以把它拿给他们青春期的孩子阅读。当然不能！一位家长甚至想让他已经30岁的儿子看一看。这更不可能了！基于这些读者的反馈，我决定创作这本专门面向青少年的书。

　　你为什么需要投入时间和精力阅读本书并完成书中的作业呢？因为本书不仅能帮助你提高学习成绩，还能帮助你过上你想要的有意义的生活，让你遵循自己的行为准则来做决定。我认为这才是了不起的人生。我虽然希望你自发主动地去追求好成绩，但是，以我多年来对青少年的了解，我知道没人能强迫你努力。努力必须发自内心，并且只有你自己能决定什么对你重要、有意义。也许学习不在你的人生大事榜上，但我要确保它榜上无名不是因为自我怀疑或者对注意缺陷多动障碍的屈服。

　　本书主要是为你编写的，不过你的父母或者其他监护人也应该读一读。请记住，我始终站在你这一边。之所以让家长也参与，是为了让他们停止与你对抗，为你争取你所需要的空间。

　　最后，我想介绍八个人，他们有的贡献了自己的故事，有的认真审读了本书，有的二者兼有。我知道，只有现实中的青少年才能告诉我哪里写得好，哪里写得不好。他们提出了中肯的意见，指出了一些别扭的笑话（可能并没挑干净）。他们的参与提升了本书的参考价值和可读性。他们中有一位现在已 20 多岁，他告诉我，如果他在高中时读到这本书，他和父母一定能少一点儿冲突，他在学习方面也会更加主动、更认可自己。所以，我希望你坚持读完这本书。

第一章
枯燥的学校生活

如果让你用一个词来描述你对上学的感受，你会用什么词？我相信你会选择"枯燥"，正如在最近的一项调查中50%的中学生所选的那样。在热度上紧随其后的另一个词是"累"。意料之中，对吧？我们必须承认，上学并不是一件美事。在我还是一名高中生的时候，我也觉得上学十分无趣。虽然我的确能偶尔回忆起几位吸引我的老师（在此向汉森老师、梅森博格老师表示感谢），但总的来看，学校生活枯燥无味。更加不幸的是，你现在的作业比我当时的多，考大学的竞争也越发激烈。

我自知不可能说服你相信上学是有趣的，我也不准备浪费口舌。我想说的是，尽管上学是你必须履行的义务，但你仍然有必要去努力获取好的成绩。此外，我还知道你虽然表面上漠不关心，其实内心渴望着好成绩。现在让我们做一项简单的测验（见表1-1），用动力量尺测定你的动力源。也许这项测验看起来华而不实，但你一定要做一做。

表1-1　动力量尺测验

下面有一把量尺，上面有10个刻度，1是最低分，10是最高分。现在，你需要对左栏中项目的重要性进行评价，并把得分写在右栏。

```
0  1  2  3  4  5  6  7  8  9  10
```

项目	得分
社会活动	
你花时间最多的课外活动，比如做运动、听音乐和看电影	
学习	

　　我们素未谋面，所以我不会预设你对本书中任何一个问题的答案。但是，曾经做过这项测验的所有孩子，给学习重要性打的分值都远远高于父母的预期。你的情况也是这样吗？你的父母是否也认为你不负责任、不成熟，觉得你不在乎学习、懒惰、不努力呢？我对懒惰的看法是：根本不存在懒惰这回事。懒惰只是一层面纱，掩盖了阻挡你去努力学习的真正原因。拖延是人应对不适感的一种手段，这些不适感包括自我怀疑和对失败的恐惧。

　　如果青少年没有对学业全力以赴，通常是因为有东西阻碍了他们。你对学习或许不如对生活其他方面那么有热情，但这并不意味着你懒惰。本书将帮助你弄清楚你的真实情况。不过，我想先给你介绍两个孩子，他们的父母始终认为他们没有尽力将自己的潜能发挥出来。这两个孩子都非常聪明，虽然单从他们的高中成绩单上是看不出来的。

　　第一个是乔丹。对乔丹来说，高中生活就像一枚从天而降的炸弹。在小学和初中阶段，他如鱼得水，轻轻松松就能在学习上名列前茅；他足球也踢得好，是镇足球队队员。他理所当然地认为升入高中后会辉煌依旧。可惜，一进高中，他便意识到，无论是在课堂上还是在球场上，他都要下很多功夫才能勉强过关。在球场上，他只能当替补队员，所以学期一结束他就放弃了踢足球。另外，他也无法接受自己成绩欠佳，为此，他欺骗自己说分数不重要。我和他第一次见面时他在上高二，那个时候他沉迷于电子游戏，连课本都不愿意翻一页，并且还在继续以各种方式逃避学习。他觉得自己可以跳过学校教育，长大后在父亲的公司中轻轻松松谋个职位。从他很小的时候起他的父母就告诉他，他天生是干大事的材料，这让他坚信自己根本不用努力。还记得龟兔赛跑的故事吗？因为不想被人嘲笑走得慢，乌龟向傲慢的兔子发起了挑战。轻敌的兔子比赛时来了次"中场休息"，结果它一觉醒来，乌龟已经抵达终点。乔丹就是这样的一只兔子。

第二个是杰克。杰克是一个非常聪明的男孩，作业总是做得又快又好。可遗憾的是，他特别羞涩，缺乏人缘，全班第一名的光环无法帮他在人际交往上获得优势。于是杰克渐渐厌倦了学校，对上学提不起兴致。他喜欢阅读，于是将大量时间花在了阅读上，凭自学变得十分博学。他也有几个关系还算不错的朋友，但他们爱玩游戏，他看不上他们。杰克的父母深知儿子聪明过人，于是不断督促他好好学习。你应该能猜到，最终

的结果就是他们的关系持续恶化：他对父母的督促特别抵触，
父母逼得越紧，他就越逆反。到了高中，他甚至连考试及格都
不指望了。他看起来对一切都满不在乎，唯一想做的就是摆脱
父母的控制。

　　本书后面还会介绍乔丹、杰克还有其他孩子在学习上的挣
扎以及与父母的冲突。我猜你曾像他们一样困惑："我为什么要
学习将来用不到的代数知识？""莎士比亚早已作古，我为什么
还要读他的作品？"我经常从我接触的青少年口中听到这样的
话。通过上文中的测验你已经发现，学习成绩在你心目中的地
位比大多数人，尤其是你父母认为的要高得多。可是，尽管你
希望取得好成绩，实际上你却很难仅仅为了分数而去刻苦学习。
好的学习成绩可以让你以后进入一所好大学，得到一份好工作，
但这些回报如此遥远，而你此时正在学习的科目看起来与你的
生活又如此不相关。不仅如此，你父母的做法让情况变得更糟
糕。他们越逼你、催你，你越想跟他们对着干。

自主

　　我敢打赌，你和乔丹、杰克这些孩子有一些共同点，你们

都想主宰自己的时间和命运，想自己决定什么对自己重要。简单来说，你们想要自主。从字面上看，自主是指自己做决定。对青春期的孩子来说，自主的领域越大越好。你不再是一个小孩子，不再想像以前那样事事依赖父母，你现在有很多事情可以自己做，并且急于证明自己的本领。一个人长大成人的过程，就是一部争取自主权的史诗。现在我进一步阐释一下"自主"这个概念。

究其内核，自主并不是指自由地去做自己想做的事。这听起来是不是有些不妙？你要明白，与自主伴生的是责任。责任意味着你如果做出明智的决策，就能享受其带来的美好回报；但是你如果犯了错，也必须承担相应的后果。例如，老师布置了一篇作文，如果你立即开始构思并动笔，你会有更多时间来打磨内容，因此更有可能得到一个好分数；但如果你决定行使你的"自主权"，在交作文的前一天才匆匆动笔，那你就要接受一个很可能比较差的分数。以乔丹为例，他上八年级时，周四晚上突击周五要交的作业，至少还能得到 B 的成绩；但到了高中，他这么做连 C 都很难拿到。

说到责任，问题来了：你要对谁负责？你也许觉得你要对父母和老师负责，因为父母给你设定目标、规定奖惩原则，老师评价你的分数。但现在让我们往深处挖掘一下。我注意到，那些有所成就的人有一个共同点——他们对自己负责。他们知道自己想要什么以及要为此付出什么，并能够保证自己实现目标。因为我想帮你有所成就，所以我现在的目的是让你意识到你应该承担起对自己的责任。为此，我要求你正视自己，明确你自己想要什么，并设定目标以获得这些东西。老师教得不好并不意味着你可以自暴自弃。一个能力平平的老师可能终其一生都无法令自己的课堂富有趣味，但你难道就要因此一辈子碌碌无为吗？

几年前，杰克告诉我他的一个小秘密——他之所以毫无顾忌地在写作业方面拖延，是因为他知道最终他的爸爸或妈妈会走过来生气地提醒他。他意识到，他虽然想要依靠自己，但不知不觉还是要依靠父母的催促才能完成作业。

关于自主，你还需要一步一步来。

谁才是实际的控制者？

现在我想让你认真思考一个问题，当你把作业搁置一边，或仅仅提前 30 分钟匆忙准备一场至少需要 1 小时复习时间的测验时，是你自己决定这么做的吗？可能你知道脑海中那个劝你学习的声音是对的，可能你的确想取得好成绩，但你为何仍然拖延呢？也许这听起来有点儿怪，不过我想说的是，这种行为幕后另有推手。那这个推手又是谁呢？接下来我将帮你搞清楚。拖延也许并不是你的本意。或许你是为了向父母证明你不再是个小孩子，不用再事事听他们的；或许是因为你内心充满焦虑，对坐下来投入大量时间完成作业心怀恐惧（每当我坐下来写东西，我就能感受到这种恐惧）；或许是你内心的魔鬼正阴阳怪气地问你"如果拼尽全力也无法取得好成绩，这说明什么？"。

青春期

化用查尔斯·狄更斯《双城记》里的名言，我要告诉你：青春期是最好的时光，也是最坏的时光。

处于青春期的你是光彩夺目的。进入青春期，伴随着身心的发育，你开始注重仪表。你面前的世界精彩纷呈，令你耳目一新。你开始急切地询问之前未曾想过的问题，比如"我是谁？""我的信念是什么？""我应该成为什么样的人？""我能否成为那样的人？"。这些问题听起来宏大而严肃，回答起来却又格外有趣。这也是为什么心理学家将青春期称为"探索的年华"。在这个阶段，你想尝试父母不想让你尝试的东西，同时也想尝试做独一无二的自己；你想加深旧谊，也想结识新友。最终，所有这些构成了你生活的意义。什么是"意义"？这可能是你前几年想都不会想的问题。

当然，青春期也会有很多苦恼。这个时期，一堆东西涌来，让你晕头转向。我猜你一定注意到了自己身体的变化。无论这些变化是什么样子的、变化的速度如何，都会引发一系列问题。你不清楚自己是不是有运动天赋，是不是够高，是不是够壮，是不是有魅力。你开始对自己的才能有了更加符合实际的认识，开始就自己的总体表现与别人进行横向比较。小学三年级时，你相信自己有朝一日会成为你最喜爱的运动项目的职业选手。现在你虽仍有这样的幻想，但对实现的可能性多了几分清醒。

通过阅读这本书，你不仅能更加了解自己，与自己内心的魔鬼对阵，掌握一些提高学习成绩的技巧，还能学会与父母更加和谐地相处。另外，你知道吗？你不是唯一被安排作业的人，我也给你的父母安排了一些"作业"。总而言之，我的目的是让你的生活变得轻松。所以，你一定要坚持读完这本书。

关于父母

之所以让你的父母也参与，是因为只有他们先改变，你才能真正改变。我想让他们明白，他们给你施加压力只会适得其反。提高你的学习成绩的唯一方法是激发你的学习动力。这种动力源于你自己，而非源于他们。你的人生如同一列火车，虽然确保这列火车驶入正确的轨道是他们作为父母的应尽之责，但他们必须明白，你才是这列火车的列车长。

如果读到这里你还没有昏昏欲睡，那么我希望你已经开始思考生活的意义。在结束本章之前，让我们看一看可能令你困惑很久的问题。

既然学校生活谈不上有趣，你为什么还要上学？

如果你不打算投身于科研事业，你为什么还要了解元素周期表？如果你不准备当语文教师，你为什么还要读400多年前古人写的书？这听起来像是两个问题，但实际上都可归结为一个问题：你为什么要上学？

事实上，很难说清中学知识在你的未来生活中能发挥什么作用。我可能无法让你意识到学习的重要性，不过我还是要和你分享我的一些想法。

据我所知，推行义务教育主要有两个原因。如果你能理解这些原因（我希望你能理解），那么你可能更容易接受必须去上学这一事实。

> 原因 1：义务教育能让所有人接触所有基础学科，这至少在理论上给了社会上每个人在特定领域平等竞争的机会。受教育不仅有助于你了解自己的优势和志趣，还对社会大有裨益。

英国在 20 世纪 60 年代前推行的是另一种教育制度。当时，英国小学生在 11 岁之前接受义务教育，到了 11 岁就要参加一项考试。考试成绩将决定他们之后是上大学还是进入职业学校。这意味着，到了六年级，许多孩子的大学梦就要宣告破灭。这种精英式教育制度确保只有富人和天才才有机会获得与较高的社会地位、收入以及权力有关的工作。相比之下，你现在还有上大学的机会，已经很幸运了。

当今社会的经济结构非常复杂，有许多不同种类的工作。

有些工作只有接受过多年教育的人才能胜任，有些工作则对人的教育水平要求没那么严格。但不管怎样，这些工作都要求任职者具备一些基本素质，譬如阅读能力。正如在人类文明尚不发达的远古时代，社会分工程度比当今社会的低得多，这意味着一个年轻人只有几类"工作"可以做，但不管在哪个部落，人们都必须精通同样的生存技能——狩猎、鞣制兽皮等。

我们现在的生活方式虽然不见得更好，但我们的经济结构确实比以前的复杂，所以也相应地需要从汽车维修到计算机编程等各种专业拥有一定学历的毕业生。经过学校的锻造，你将来便能在社会经济中发挥作用（换句话说，找到一份工作）。如果每个人都不接触数学，我们又怎么知道谁可能成为伟大的数学家呢？学习各门学科让你有机会了解自己的专长。

而且，你永远也不知道什么时候你会用到在学校里学到的知识。我上学时数学很差，但当时我已经立志成为一名心理医生，我觉得在以后的工作中永远不会用到数学，所以对自己的数学成绩并不担忧。20年后，我如愿以偿在一家医院管理精神科，这份工作的确需要很多心理学知识，但我同时也需要负责各项预算，而预算需要用到数学！我这才意识到数学的重要性，但为时已晚。

原因2：学校不仅仅教给你知识，还教给你思考和解决问题的方法，教你如何认识自己、认识社会、认识自然，最重要的是，教你改造世界。

下面我举几个例子。

数学培养你的逻辑思维能力

正如我的朋友乔恩·唐斯校长开玩笑时说的那样："很少有孩子会抱着提升思维能力的目的高高兴兴去上学，但不知不觉中，他们在劝说父母给自己买新手机时，信口扯出的理由也开始变得逻辑自洽。"这种逻辑思维能力又是从哪里获得的呢？答案是：从数学课上。

数学老师戴维·默里告诉他的学生："你们中99%的人认为自己日后不会用到数学知识，但你们中100%的人都需要具备逻辑思维能力或数学意识。"他接着解释道："而逻辑思维能力有助于你对事物进行分析，进而解决问题。"

科学教给你事物运行的规律

数学老师黛布拉·塔瓦雷斯提醒我们："如果说需求是发明

之母，那么科学就是发明的脊梁骨。"科学离不开解题、创造和实验。没有科学的推动就没有新发明的问世，手机、电脑、微波炉等都无从谈起。你是否丢过钥匙？我一直以来都饱受丢钥匙的困扰。要打开房门或启动汽车必须有钥匙，于是这种找钥匙的必要性就促使人们发明了一种可以挂在钥匙链上的追踪装置。问题迎刃而解，而这一切都是科学的功劳。

语文帮助你更好地认识自己

我希望我八年级的语文老师是汤姆·阿什本，这样语文学习起来就有趣多了。汤姆是美国私立中学纽瓦克学院高中部的教师，在语文课堂上，他提出了这样的问题供学生思考："在这部作品中，'生而为人'意味着什么？""你是否经历过作品中角色所面临的冲突？"不知你是否有被朋友背后捅刀子的经历？如果有，你就会理解莎士比亚在《奥赛罗》中对嫉妒和背叛的描写。你可能会在《哈姆雷特》中看到自己的影子，对作品所描写的矛盾和抉择（"生存还是毁灭？这是个问题。"）产生共鸣。我想你也会被《罗密欧与朱丽叶》中的凄美爱情所感动。这些是大多数孩子和大多数成人都能理解的主题。

历史教你如何让世界变得更美好

虽然这听起来有点儿像陈词滥调，但我们确实应该以史为鉴。作为学生，了解历史以及它对现在和未来的影响是很重要的。无论你站在什么立场，把复杂的问题简化为非黑即白都是危险的。不经思考的下意识反应会造成很多麻烦。对于当今世界所面临的问题，要了解它们的细微特征、历史背景和人们对它们的看法，需要大量的学习。

教育使我们成为更好的自己

我相信，在学校里初步学到的技能需要花一辈子的时间去持续打磨，学习应该是一件需要终生努力的事情。你接受的教育是任何人都无法从你身上夺走的。对我来说，最重要的是保持一颗好奇心：事物是如何起源、发展的？为什么是这样而不是那样？也许你像乔丹和杰克一样，虽然喜欢学习，但只局限于自己感兴趣的东西。这我能理解。但正如我所一直强调的，接受教育的目的之一是掌握基础知识。我希望前面对几门学科的描写已经让你明白了这些学科的重要性。每一门学科都能教我们如何更好地决策、如何解决问题。互联网在为我们打开一扇窗的同时，也让我们不断犯错，而要避免犯错，你必须具备批判性思考的能力。世界越变化万千，你就越需要智慧，需要接受更多的通识教育。

我要说明的是，我不仅仅认为课堂学习是重要的，课外活动也可以教给你很多东西。哪怕是在校外的超市里打零工，你也能获益匪浅。但你不要为了装点申请大学用的"简历"才去参加课外活动。我很不喜欢孩子们告诉我，他们报名参加西班牙语俱乐部只是为了让自己的大学申请书更漂亮。大学的招生官之所以希望看到你有加入俱乐部、球队、管弦乐队等的经历，是因为他们想让你在进入大学后更快地融入新集体，用你的活力和激情去感染他人。所以，你一定要找到你感兴趣的东西，然后深入钻研。

上大学

你的教育经历很可能不会停留在高中阶段，也许你会升入大学深造，而升入大学后你会发现大学生活要有趣得多。关于上大学，我特别想说的是，虽然上大学是一种很好的经历，但你不必执着于进名校，尤其是名气很大的顶尖院校。然而，我赞同我的一位从事升学择校咨询工作的朋友的看法，他说每个年轻人都应该上与自己匹配的院校，但这种匹配不是基于趣味喜好的匹配。国内有很多很棒的大学供你选择。你的成绩越好，你就越有可能和像你一样聪明的孩子进入同一所大学。不过，我希望这不会给你造成太大压力。

　　你所上的大学是否会决定你的收入？学者们为此进行了一项非常有趣的研究，结果表明答案是否定的，这给了我们很大启发。为了探索名校与事业成功之间的关系，研究人员史黛西·戴尔和阿伦·克鲁格比较了名校毕业生与普通院校毕业生就业 10 年后的收入：以美国为例，哈佛大学、威廉姆斯学院和斯坦福大学的毕业生是否比伊利诺伊大学、俄亥俄卫斯理大学或西东大学的毕业生收入更高？乍一看答案是肯定的，名校毕业生确实比其他院校的毕业生更能赚钱。然而，研究人员好奇是否还有其他隐性因素在起作用。他们将名校毕业生和那些申请过该校但因为这样那样的原因（比如承担不起学费或觉得离家太远）没有入学的学生进行了比较，结果表明这两类人的收入水平基本一样！为什么如此？因为重要的不是院校本身，而是学生为了进入这些院校所付出的努力。这些普通院校的毕业生，无论是否上名校，前途都是一样光明。他们当初只是瞄准目标不懈努力，并相信自己能够实现目标。这就是我们需要记住的真理：坚韧不拔往往比天资聪颖更能助人成功！另外，自信心也非常重要。

还有一些研究探讨了高中平均成绩和标准化考试成绩哪个更能预测一个学生的大学成绩。研究结果表明，高中平均成绩越好，进入大学后成绩也越好。这可能是因为高中阶段的良好学习习惯会延续到大学阶段。标准化考试是从理论上评估学生更适合学哪门学科，但事实证明，这种适合不如努力重要。（标准化考试还因偏向富裕家庭的孩子而遭到诟病。）

在你阅读下一章之前，我要给你布置一些作业：列出 10 首让你精神振奋的励志歌曲，再列出 10 首能帮助你静下心来埋头学习的歌曲。你可能会发现，你需要一点儿曲调激昂的音乐来激发你的斗志，还需要一些优美的轻音乐来帮你保持心情平静。

嘿，告诉你一个好消息！你可以跳过下一章，那是专门给你的父母准备的。

补充说明：

如果你的父母想看你的动力量尺测验结果，只管给他们看便是。

第二章
家长须知

亲爱的家长，欢迎阅读本书！本书可以优化你与孩子沟通的效果，减少你们之间的冲突甚至对抗。然而，本书并不是我的上一本书《男孩的自驱型成长》的替代品。《男孩的自驱型成长》仅供家长阅读，它能够帮助你了解孩子真实的内心，本书中被我一语带过的观点在那本书中有更深入的剖析。如果你还没有读过那本书，我建议你先放下本书，从头开始读那本书。我相信它会对你有所帮助。

　　本书的目标很简单：让孩子做自己学业的主人。目前，他是为了你而学习，不是为了他自己！如果你不同意这种说法，请继续往下读。你想让他取得好成绩，担心他的未来，所以你对他的学习介入过多。教育史学家保拉·法斯说，焦虑正在使对孩子寄予厚望的父母越过界限——他们不仅让孩子为未来做好准备，还试图完全主导孩子的未来。很多父母错误地认为，只要监督、辅导和指导得足够多，就可以掌控孩子的自然发育过程。父母不再将孩子作为个体来看待，不给他成长的空间，而为了确保他能领先于同龄人，过度干预他的成长过程。所有这些看似为孩子考虑的行为实际上只会让孩子更加厌学，并不能让他积极地走向未来。

　　当孩子穿越童年和成年之间那座摇摇欲坠的桥时，你要放手，退后一步，给他机会让他从自身的错误中吸取教训，与自我怀疑做斗争，最终自己解决问题。哪怕多干涉一点儿，都会让你陷入一场权力斗争。这种斗争是一个陷阱，我称之为"矛盾反应"。矛盾在于你越努力鞭策孩子，他就越缺乏动力。

　　动力的丧失最初表现在他对待学习的态度上。从表面上看，与做作业相比，他似乎更喜欢和你对着干。所以你理所当然地以为，他对学习满不在乎。

但事实是，他在乎。如果孩子允许，你可以看看他在第一章的动力量尺测验中对学习重要性的评分。比你想象的高，对吗？虽然从表面上看他对学习成绩漠不关心，但实际上他对是否要努力抱有矛盾心理。大多数人认为矛盾心理意味着左右为难，其实矛盾心理是指同时有两种想法。以是否要去看电影为例，你想去看电影，但同时又想待在家里。同理，你的儿子想要努力学习，但同时又不想花太大力气。然而，这不仅仅是他个人的挣扎。由于挣扎的结果与你有很大的关系，所以最终孩子的良心、抱负和作为学生的使命感，与他的焦虑、依赖和自我放纵之间的内在冲突，演变成了你们之间的权力斗争。孩子的矛盾心理就是这样产生的。接下来，我们来做一个测试。

请回想你曾经独自做出的一个艰难而重要的人生决定（比如，报考哪所大学，是否接受某个工作，是否确立恋爱关系）。你在脑海里反复思考，权衡利弊，感觉自己已经完全下定决心，结果仅仅一个小时后你就反悔了。

现在想象一个你必须和别人一起做的人生决定：是否要孩子。有没有这样一段时间，你觉得你已经做好了为人父（母）的准备，但你的配偶却没有？你因为对方的拒绝而改变立场了吗？而当你的配偶改变了主意，对你说"我们要个孩子吧！"，你是不是又打起了退堂鼓？只要你的配偶拒绝要孩子，你就可以自由地想象未来美妙的亲子时光，而不用真正考虑养育孩子要付出的代价。然而，一旦你们明确了生育意愿，你就不得不考虑各种现实问题。毫无疑问，这种思想斗争会反反复复，直到你们两人都能体会到养育孩子所带来的紧张和兴奋。

与一对夫妇之间的思想斗争不同，你和你的儿子在你们之间的权力斗争中不会换位思考。他不愿意被焦虑和自我怀疑压得喘不过气来；而你也不打算对他让步，对他荒废学业的行为听之任之。结果是你越生气，他就越平静。你无意中替他承担了对学业和未来的焦虑，这意味着他可以不必承担这些，可以抱怨你给他压力。我听到许多青少年患者说："这都是我爸爸妈妈的错。如果他们不那么管我，不给我找那么多家教和治疗师，我会自己做作业的。"青少年容易叛逆，一旦陷入矛盾反应的陷阱，就更有了怠于学业的理由。一名青少年患者直言不讳地说："我的成绩一直得不到提高，因为我爸爸总是烦我。事实上，看着他在一边指手画脚，我只想故意不好好学。我后来学会了提前做作业而不拖到最后一刻，靠的是我自己，不是他的唠叨。"

另外，孩子认为，通过拒绝你的干预，不理会你对他提出的要求，他就成了发号施令者。如此一来，他使你卷入了一场恶性权力斗争，从而确保你继续管控他的生活。连他自己都没意识到，他巧妙地策划了一个阴谋，以达到推迟成年期到来的目的，以便长期、隐蔽地依赖你。他自欺欺人地认为，否认学习成绩的重要性就实现了自主，我称这种自主为"虚假独立的阴谋"。无论是闷不作声还是大张旗鼓地放弃学习，他都是为了让你替他背负操心学业的重担。他表面上抗议你的监督和干预，实际上却在迫使你继续在他身上花心思。

本书旨在指导男孩处理针对学业的矛盾心理。通过阅读本书，他将更好地应对对失败的恐惧（这是许多青少年厌学的原因），更清晰地认识自己的行为准则和目标，更主动地对自己的学业负责。然而，为了实现这些目标，你必须学会放手。这是避免他逆反、揭穿他"虚假独立的阴谋"的唯一途径。正如美国得克萨斯州某位校长所说："既然你已无计可施，那就再做另一种尝试：放手！"我并非让你完全撒手不管，孩子的火车虽然要他自己开，但你还是要保证它不脱离轨道（关于这一点，我稍后会详细讲解）。现在，为了改变孩子的学习态度，你在与他相处时必须遵循一些原则。这些原则的第一要义便是"少即是多"。

孩子怠于学习并非因为懒惰

　　孩子正在经历一个艰难的阶段。我知道那种感受，因为我也有过青春期。青春期不是可选项，它是一个必经的发育阶段。发育意味着孩子仍在成长变化之中。他样子接近大人，有时又能说大人话，但请相信我，他离成熟还早，他的大脑发育还远远没有结束。关于这个话题，我鼓励大家（这是我最后一次唠叨，我保证）读读我的第一本书《男孩的自驱型成长》。我也真诚地希望，你在帮助儿子平稳度过青春期之前先做好功课。

认识自驱力三要素

　　到目前为止，孩子的学习动力一直都来自外部，也就是老师和家长。这种外部驱动力通过奖惩来实现。然而，随着孩子逐渐成熟，外部驱动力不仅显得力量不足，而且变得不可靠。这时，你希望孩子设定自己的目标，并拥有实现这些目标的自驱力。研究人员已经找出了自驱力的三要素：掌控感、能力自信和与他人的联结感。对自己选择的、相信自己有能力完成的、得到他人支持的任务，人们有更强的自驱力。本书旨在帮助你培养儿子的掌控感和能力自信，尤其是在他的学习方面，你的任务是帮他建立与他人的联结感。

重新审视孩子的缺点

当我还是个孩子的时候，每个人都说我霸道，我长大后也的确成了一名领导者。再举一个例子，我妻子觉得我做事不专心，而我认为我能一心多用。大多数缺点都可以"摇身一变"成为闪光点。下面举几个例子。

冲动→随性

固执→坚持自我

自私→爱惜自己

傲慢→为自己骄傲

自命不凡→品味不俗

自大→充满自信

不专心→可以一心多用

　　像上面这样看问题，可以改变你对儿子的成见：懒惰、冷漠、不负责任或不务正业。你需要用更加积极、辩证的眼光看待他——心理学家称之为"认知重构"，这通常是解决棘手问题的第一步。认清孩子日常行为背后的原因有助于你更好地理解他内心的挣扎。简单地说，你要明白，他之所以有一系列令人不解的行为，是因为他是一个青春期的男孩，而青春期总会结束。通过认知重构，你将走进他的内心，进而为他提供更有效的帮助，与他一起解决问题以满足他的新需求。

　　对你来说，尤其需要被扔进垃圾桶的一句话是："他没有发挥自己的潜能。"如果你读过《男孩的自驱型成长》或听过我的演讲，你就会知道我"没有发挥潜能"的故事。我上小学四年级时，在一次家长会上，我的老师也是这么评价我的。我认为那是在说我不够聪明。在每次演讲中，我都会问听众："在座的又有几人充分发挥了自己的潜能？"有趣的是，从来没有人举手。然而，我却经常听到父母这样抱怨自己的孩子。

　　与其去想孩子正在浪费天分，不如去想他有什么能力等待开发。挖掘孩子的潜能不正是父母在孩子处于儿童期和青春期时的核心任务吗？即便是成人，也希望不断探索自身能力的边界。我们希望我们的孩子对自己的能力充满好奇，对发展这些能力保持兴趣。下次，当你为了让儿子在学习上多花时间而控制他玩电脑的时间时，不要指责他浪费了自己的潜能，而要对他说："我不是在惩罚你，我只是相信你的能力。"与此同时，不要用评判的口吻说诸如"你应该取得更好的成绩"这样的话。

少替孩子解决问题，让他尝试自己解决

　　家长们经常问我如何帮助孩子培养自信心。我接触过的一位成年患者在儿童时期曾遭受身体上的虐待，他告诉我，他很小就学会了独立并因此培养了自信心。他养育孩子所遵循的原则是让孩子自己解决问题，他认为这样做会激发孩子的自信心和自豪感。一个反例是，最近一个磕磕绊绊读完大学的年轻人告诉我，被父母事无巨细地照顾实际上削弱了他的信心，因为这让他觉得自己没有能力照顾自己。

　　坚韧的心性源于逆境中的磨炼。当然，作为父母，谁都不想给孩子的生活制造困难。但同时，你也不要不遗余力地帮他应对他遇到的每一个挑战或挫折。给他机会，让他自己去体验，自己想办法克服困难、解决问题。

　　试试这样做：拿出一叠纸（尽量多准备几张），列出一周时

间里你为孩子所做的一切，要事无巨细。等一周结束时，划掉孩子能独立完成的每一件事，然后放手让他自己去做。要特别注意那些紧急的事情（比如他忘带足球包去学校的时候，不要给他送去，让他自己下次记得带上）。接下来，圈出孩子能完成一部分的事，让他完成这一部分。例如，他可能无法计划一周吃什么，但如果有现成的食材，他也可以自己做午餐甚至晚餐。如此一来，你将为自己腾出更多的时间。当然，孩子并不知道你这么做的原因。保存好你的记录，在稍后的章节我将要求你的孩子做类似的记录。到时候，你们可以比较各自的记录。

少控制，多引导

正如我之前所说，我不是让你撒手不管以令你的孩子孤立无援——这样做的结果只能是他掉进自己挖的坑里爬不出来。相反，我是让你设定目标，然后让他思考如何实现目标。这将给孩子最渴望的自主，而自主是培养自驱力的关键。自主权赋予了孩子自己做决定的自由。然而，这并不意味着他可以为所欲为。自主伴随着责任。我们每做错一个选择，都要承受这个选择所带来的后果。只有这样，我们才能从错误中吸取教训。

在这个过程中，你要坚持的底线是什么？答案是：不给孩子收拾烂摊子。

改变你自己

为了帮助孩子改变他的行为，你必须改变你自己。为了给他去探索自己能力的空间，你必须先思考你的动机——你下意识地为他预设了什么样的为人处事的模板，又是因为什么无法接受他当下真实的样子。以下问题在《男孩的自驱型成长》一书中也有提及，这些问题有助于你弄清你的动机，让你变得更客观，从而更好地理解孩子（你很快就会明白问题的症结所在）。

1. 孩子哪里像你？哪里像他的妈妈 / 爸爸？

2. 你希望他成为什么样的人？（"快乐"不能算作答案。）

3. 你儿时有什么遗憾？最近有什么遗憾？

4. 你犯了哪些你希望孩子不再犯的错误？

5. 你希望孩子在人生的哪些方面比你更轻松？

6.哪些童年经历对你很重要？你想让你的儿子有同样的经历吗？（例如，参加球类运动，学会演奏一件乐器，去同一个野营地或进入同一所大学。）

7.他的哪些兴趣爱好与你的相同或不同？他的哪些兴趣爱好是你想都不会想的？你认为他的哪些兴趣爱好是在浪费时间？

现在描述你眼中的儿子。尽量带着同理心进行客观的描述。描述时，不要称呼他为"我的儿子"或"我的孩子"，请直呼他的名字。

几乎所有父母都会投射自身的需求和愿望到孩子身上。你应该思考你在多大程度上把自己的需求和愿望投射到了孩子身上。你要透过这些投射看清孩子真实的样子。也许你对他的期望是合理的，但此时此刻，请让他喘口气。

父母往往把孩子作为自己美好理想的化身。当孩子还在娘胎里的时候，我们就开始把我们所有的需求和愿望投射到他身上。这样一来，我们就很难再接受孩子的不完美。所以，你希望孩子发挥出的潜能很可能不是他真正的潜能，而是你想象的那个承载着你的愿望和梦想的孩子的潜能。当然，你也并非完全看不到孩子的缺点和局限性,但我相信,你心目中的那个幻影总是在影响你,让你无法认清孩子的本来面貌。

少说多听

为了让孩子愿意听我们讲话,我们应先让他感受到我们在用心倾听。在和孩子一起翻阅本书时,你也要少说多听,我建议你听和说的比例是 8:2。一旦听的比例低于这个比例,孩子就会丧失参与的兴趣。除此之外,倾听是一个人给予另一个人的最深切的关怀。用心倾听而不予置评,是提供支持和无条件的爱的最佳方式。很多时候,父母不给孩子说话的机会,而直接提出解决方案或建议。但大多数时候,孩子需要的只是父母的倾听。通过倾听,父母能掌握更多信息,进而更好地帮助孩子解决问题。通常,如果父母只是倾听,孩子会自己找到解决方案。倾听有助于孩子了解自己的感受,产生同理心。少输出自己的价值观,多了解孩子的想法,可以帮助孩子设定清晰的目标。

"养娃用眼不用耳"是完全错误的。在基本需求得到满足后,孩子最需要的便是被关注、被倾听。一个真正被关注和倾听的孩子会感受到来自父母的理解和无条件的爱。倾听是获得同理心的途径，它能帮助男孩直面自身情绪。倾听和同理心也有助于减少父母与青春期孩子之间的冲突，使他们能够更好地解决问题。当一个青春期的孩子将父母视为安全可靠的留言板时，他通常能通过倾诉学会自己解决问题。然而，许多父母很难做到默不作声地听孩子诉说。很多时候，孩子只是想诉说自己遇到的困难，父母却急不可耐地提出解决方案或指手画脚。父母会根据自己说了多少而非孩子说了多少来评价亲子交流的成功与否。其实，与人们的直觉相反，父母只有清楚地理解孩子的想法，才有可能得到想要的结果，从而与孩子一起解决问题。

这是我从克里斯·沃斯那里学到的重要知识。他在与塔尔·拉兹合著的《强势谈判》中提到，他多次通过富有同理心的倾听来劝服绑架者安全释放人质。这种方法可能也适用于孩子。你有时不觉得自己被儿子的情绪和叛逆行为绑架了吗？为了对付同样"阴晴难测"的绑架者，沃斯采用了一种叫作"策略性同理心"的方法。日常生活中，同理心是指"关心他人、询问对方感受并表示理解"。"策略性同理心"则是指"了解对方的处境及动机，了解他的行为对他的意义，进而找出能够打动他的东西"。认真倾听孩子的心声能让他感到安全、被关怀、有价值。如果你愿意听孩子说话，那么孩子也愿意听你说话。记住，同理心不是对另一个人立场的认可，而是对他内心情感的理解。

你说得越少，孩子就越开诚布公；孩子说得越多，你就越了解他的想法。另外，你们之间的交流还可以帮助他独立解决问题。你理解孩子、支持孩子，孩子也会理解你、支持你。你的终极目标是帮助孩子解决他自己的问题，一旦你们统一立场，即使他的解决方案与你提供的不同，你也能影响他的选择。

倾听是获得同理心的途径。善于倾听的家长就像侦探，他们会问问题、找线索，以弄清孩子隐藏的情感和潜在的动机；不善于倾听的家长在回应孩子时，经常批评孩子，对孩子不屑一顾、指手画脚。善于倾听的人说得很少，并尊重他人的想法和感受。请记住钢琴家阿尔弗雷德·布伦德尔的话："倾听"（listen）与"沉默"（silent）是由相同的字母组成的。

反面例子：

儿子：我再也不打棒球了，我讨厌打棒球。

父母：你不能放弃，你要履行对你的球队的诺言。

儿子:(生气了)但这并不意味着我必须这么做。

正面例子:

儿子:我再也不打棒球了,我讨厌打棒球。

父母:(语气充满好奇,态度乐观)你讨厌打
　　　棒球?

儿子:是的!今天的训练糟透了。

父母:训练糟透了?

儿子:是的。

父母:(沉默)……

儿子:我出局了,队友们都说我菜。

父母:他们说你菜?那一定刺痛了你。

儿子:是的!我讨厌被说菜。但我确实经常三振
　　　出局。

父母:那么,你不喜欢打棒球是因为队友们取笑
　　　你?看来你的击球水平还有待提高。

儿子:没错。我很想做一个优秀的击球手。

父母:也许我们可以帮你。

诚然,现实生活中的对话并不总是这么顺利,但这个例子

为我们示范了一种更有效的沟通方式。现在，让我们利用策略性同理心的技巧，将这种沟通方式分解为几个步骤。

第一步：重复孩子的话

第一步很简单，重复孩子说的最后一两句话。他说："我再也不打棒球了！"你就附和："你再也不打棒球了？"一定要用一种轻松、关切的语气。接着是最难的部分：闭嘴。即使接下来是令人尴尬的沉默，你也要坚持下来，一定要等他先开口。重复孩子的话是为了表明你对他的话感兴趣，表明你在用心听，从而让他敞开心扉。每当他说出新内容，你都可以跟着重复。

第二步：指出孩子的感受

根据孩子的话所流露出来的情绪，指出孩子的感受。在上面的正面例子中，父母用"那一定刺痛了你"来形容孩子受伤的感觉。父母要做的是，不要停留在问题的表面，而要了解孩子行为背后的动机。如果你不知道儿子的感受，可以用提问的方式，比如，你可以问："你是不是有受伤的感觉？"

第三步：释义和总结

当你表明你理解儿子的感受后，首先改述他说的话，问他你理解得是否正确。然后将所有内容——包括对他感受的描述——汇总。你需要更深入一点儿，帮儿子厘清事情的来龙去脉，这时你既需要凭借直觉，又需要留意他对你所说的话的反应。在你得到了更多的信息后，你可以说"听起来好像……"，以便更准确地了解他的感受。你说完后，要给儿子留出时间，等待他做出回应。

根据沃斯的说法，同理心对话的目的是取得对方最终的认同，等对方说出"对"。在与儿子的日常交谈中，当你完成上述步骤，言简意赅地说出他的内心感受后，你期待的是他说出"对"。"对"和"你说得对"不同，后者通常只是安抚性的，而前者说明你说到点子上了，对方承认了自己的感受。

最后，沃斯还提出了五种询问的句式："谁……？""什么时候……？""为什么……？""……什么？""……怎么……？"。他从不使用前三种，因为它们会引出只有一个词的答案。为什么也不能问"为什么……？"呢？因为如果你问儿子"你为什么数学考试不及格？"，他会产生防御心理。现在就剩下后两种问句——"发生了什么？"或"你的数学考试怎么会不及格呢？"。同样是询问，这两种询问的方式更容易得到答案。

这些沟通技巧看似简单，运用起来却比较难。当儿子要做出一个糟糕的决定或在厨房里冲你大吼大叫时，你恐怕很难淡定地听他说话。倾听的前提是头脑冷静。

下一章中，我将给孩子布置一项作业，让你有机会测试这些倾听技巧。

补充说明：

虽然利用策略性同理心进行沟通的方式听起来很棒，但你可能想知道："如果我的儿子不愿阅读本书，我该怎么办？"这是个好问题。如果他犹豫不决，请想办法让他阅读第一章，然后再让他自行决定是否继续阅读。一些青少年的确需要一点儿鼓励。虽然通过给孩子一些小小的奖励让孩子阅读本书的做法背离了我的初衷，但毕竟你要应对的是一个令你头疼已久的问题。也许你可以和儿子一起想办法，为了让他读完本书达成一项"协议"，比如他每读完一章就可以玩一会儿，或者读完本书后可以去旅行。

第三章
亲子配合

本书的一个重要目标是减少亲子之间的冲突，让你与你的家长和谐相处。研究表明，相较于自述与家长关系紧张的青少年，那些自述与家长关系融洽的青少年学习动力更强。本书虽然主要面向青春期的你，但也有一些活动需要你和家长共同完成。关于测试题目，我建议你留出 10 ~ 20 分钟来完成。你可以邀请家长参与测试。第一份测试是以问卷的形式出现的，需要你们一起填写问卷并讨论。

亲子关系问卷

　　我要用这份问卷评估你与家长的相处情况。我设计的问题非常直接，希望借此引导你们进入开放而真诚的对话。为了确保问答顺利，双方都能感到被尊重和被倾听，我提出了一些基本规则。请先阅读这些规则。

　　1. 你会恭敬、友好地和对方交谈，坚决不说伤害对方的话。

　　2. 你会倾听并尊重对方的回答，所有提问都只是为了更好地了解对方的想法。你不会因听到的任何答案而与对方陷入争执。

　　3. 只要对方的回答诚恳而无恶意，你就不会生气。

　　4. 如果其中哪个问题让你们起了争执，立即抛开它，不要再纠结，继续阅读剩余的内容。

　　5. 如果哪个问题你不想回答，说明原因后跳过即可。

　　问卷分为两部分，一部分由你填写，另一部分由家长填写。首先填好自己要填的部分，等双方都完成后，分享并讨论答案。

孩子向家长提问

1. 你十几岁时遇到过麻烦吗？你做的最糟的事是什么？

2. 我现在做的哪件事令你失望？

3. 我现在做的哪件事让你感到骄傲？

4. 你十几岁时有没有感受过同龄人压力？

5. 你会用哪 5 个形容词来形容我？

6. 你认为我会用哪 5 个形容词来形容你？

7. 你信任我吗？如果不信任，是因为什么呢？如果信任，又是因为什么呢？

8. 在你像我这么大的时候，你和父母相处得怎么样？

9. 你希望我在哪些事情上对你更坦诚？

10. 我有什么事令你担心了吗？

11. 你做过的最难的事是什么？

12. 在抚养我的过程中，你遇到的最大的困难是什么？

　　13. 在抚养我的过程中，什么事情最容易？

　　14. 你对我小时候最美好的记忆是什么？

　　15. 我有没有无意中做出令你伤心的事？

　　16. 如果以后只能吃一种食物，你会选什么？

　　17. 如果以后只能吃一种食物，你猜我会选什么？

　　18. 你知道我有多爱你吗？

家长向孩子提问

　　1. 你想倾诉的时候，我都腾出时间去倾听了吗？我听得是否足够认真？

　　2. 与我交谈时，你想得到什么？我的建议？了解我是否遇到过类似的情况？还是你只是为了倾诉，抑或是希望得到我的理解？

　　3. 你最喜欢我做的事情是什么？

　　4. 你最不喜欢我做的事情是什么？

　　5. 你觉得我们一家人是否争吵过多？

　　6. 你觉得我和你的妈妈／爸爸吵架过多吗？

　　7. 我做的哪件事令你最生气？

8. 我做的哪件事令你最尴尬？

9. 你会用哪 5 个形容词来形容我？

10. 你认为我会用哪 5 个形容词来形容你？

11. 你希望我成为什么样的家长？

12. 我有没有无意中做出令你伤心的事？

13. 我是把你逼得太紧了，还是不够紧？

14. 你认为哪些事孩子能理解但成年人无法理解？

15. 我对你是否太严厉？

16. 我是否给了你足够的自由和空间？

17. 你认为什么事情比我和你妈妈 / 爸爸所认为的困难得多？

18. 作为这个家的一分子，你认为最难的是什么？

19. 你有没有想告诉我们却一直不敢说、想了解却一直不敢问的事？

20. 如果以后只能吃一种食物，你会选什么？

21. 如果以后只能吃一种食物，你猜我会选什么？

22. 你知道我有多爱你吗？

第四章
父母认为你懒，而你认为
他们不可理喻

有多少次你的父母说你懒惰，说你"不关心自己的未来"，或者指责你"没有充分发挥你的潜能"（我最讨厌的一句话）？下次他们再指责你时，你就问他们是否发挥了他们自己的潜能。

我并非让你招惹麻烦，事实上这本书的终极目标就是帮你摆脱麻烦。只不过，"潜能"不是一个高一年级的孩子能挖掘出来的东西。拿我自己来说，我获得了心理学博士学位，个人事业也算成功，还写了两本书，做了父亲，但我仍然希望我的全部潜能不止于此。潜能是一个人应该持续努力去挖掘的东西。但目前你的问题是，你在用力挖掘吗？

你在训练你的父母吗？

你肯定在为争取自己的独立而战，毕竟，成年近在眼前，并且现在你已经学会独立思考。可是，为什么你的父母还是不肯放手让你掌控自己的生活呢？他们为什么对你的学习成绩有着那么执着的追求呢？说起来，那可是你的成绩，是你需要担心（或不担心）的事情，不是他们的。

我很清楚为什么你的父母在你面前表现得那么聒噪、令人厌烦和专横。答案可能让你大吃一惊：是你教唆他们这么做的。为什么？因为你在用行动告诉他们，只有他们过来干涉，你才能完成家庭作业或做家务。（我是怎么知道的？你可以称之为直觉，直觉的依据是他们在让你读这本书。）通过一种双方参与的行为模式，你把父母请进指挥室，让他们拉一把舒适的椅子坐下，并给了他们在你面前唠叨、斥责你，甚至恳求你在学校好好学习的权限。这可真是讽刺，他们现在的聒噪、令人厌烦和专横，都是你一手训练的结果。

回忆一下，他们是毫无理由地闯入你的房间或突然就你的未来朝你释放万钧雷霆的，还是因为有什么东西让他们的焦虑和愤怒喷涌而出？如果存在导火线，那导火线可能是什么？老师打来的电话？你糟糕的成绩单？没有按时交的作业？

　　我们再合理地猜测一下。我猜你逃避学习的行为以及你过于"消瘦"的分数在促使他们采取行动。我可能猜得不对，但在你反驳前请听我说完。他们开始在你面前唠叨，甚至拿走你的游戏机或者让你禁闭在家。但问题是，至少在某些时候，他们的唠叨的确促使你写完了作文——虽然是迟交的，或者促使你尽力备考。你的父母乞求这些结果，就像我的宠物狗乞求花生酱和饼干一样。

　　这一模式重复的次数越多，你的父母就越训练有素。他们意识到，如果不唠叨、不关你禁闭或不一直干涉你，你就不可能取得好成绩。我们都知道，只要你做最低限度的努力拿个B，你的父母就会走开——就算他们不情愿，你在家里的生活也会轻松些。你之所以使出这样的"大手段"确保父母始终督促你，背后肯定存在一个很充分的理由。这个理由就藏在下一节的标题中。

矛盾心理的影响

　　我们已经通过第一章的动力量尺测验认识到，你想在学校里做得更好。我们也知道你并不懒惰。那么，到底是什么在阻挡你前进呢？如果你和我这些年来接触的孩子——比如乔丹和杰克——一样，那么你内心一定非常不安，这种感觉让你步履维艰。"感觉？"你可能会问，"什么感觉？我感觉好得很呢！"但我要说的是，感觉不一定是你意识到的感受，它有可能被你安静地封存在了潜意识之中，无法冲出来袭击你。我们稍后将对这个问题进行更深入的讨论。在这之前，让我们先了解一下你和你父母之间的较量，这种较量就像一个令人玩味的小把戏。你日复一日地训练着你的父母，让他们过来介入你的学习和生活，并让他们扮演干预者的角色。

如果你和我认识的那些孩子一样，那么你可能对好好学习这件事抱有复杂的心理：你一方面想努力上进，另一方面却不愿意付出。这种心理被称为"矛盾心理"。如果你是一个内心矛盾的人，你只能忍受两种截然相反的感觉压在你的心头。

关于矛盾心理是如何促使你与父母拉锯较劲的，很难用一句话说清楚。但基本上，你通过一番操作，让父母做起了"好好学习"的正方辩手，让他们替你背负学习的压力。如此，你就得了便宜，能继续快乐地放任自己，心安理得地去贬低学习成绩和上大学的重要性，花时间玩电子游戏而非伏案苦学。你是反方辩手，主张"我才不管未来"的论点。即便如此，你内心深处还是隐隐在乎自己的学习成绩，并且比你愿意承认的更在乎。

大多数人认为矛盾心理意味着在两件事中更想做其中一件，比如，你想给某个同学发信息，但更想玩电子游戏。其实，矛盾心理指的是两件事情都想做：你既想给同学发信息，也想玩电子游戏，你不想取一个舍一个。

这听起来有点儿奇怪，是不是？但这发生在每个人身上——尤其是青少年，他们有时既感觉自己还是个孩子，有时又觉得自己是大人。你仍然想让妈妈给你做晚餐，在你哭的时候拥抱你，并且你对赚钱纳税毫无兴趣；但同时你又希望在各个方面掌控自己的生活。在我十几岁的时候，我觉得我如果不用担心学习成绩而让父母替我操心，生活会容易得多；但在去朋友家的路上，我又渴望独立自主，因为我希望我和朋友都表现得像大人一样。

下面举几个可能会让青少年感受到矛盾心理的例子。

● 因为某种压力需要去参加聚会，同时又宁愿待在家里。

● 想要在社交网站上发一张自拍照，因为此时做的事情特别有意思；同时又不想发，因为自己穿的衬衫太丑。

● 与喜欢自己而非自己喜欢的人聊天，因为你不知道你喜欢的人是否喜欢你。

现在写下三件让你产生了复杂感受的事情，列出你截然不同的两种感受（见表4-1）。

表4-1　我的矛盾心理

我的矛盾心理	
1	
2	
3	

学会辨别矛盾心理后，你就知道你对这种心理有多么无奈。就像一句古老的格言所说，"你不能在吃掉一块蛋糕的同时拥有它。"在无足轻重或重要性只持续一两个小时的事情上左右为难

是一回事，在一些对未来有重大影响的人生大事上举棋不定，就完全是另一回事了。

　　为了更好地理解你对学习的复杂心理，请看表 4-2，勾选出你想努力学习的所有原因以及你不想努力学习的所有原因。记住，我们在讨论矛盾心理，所以你完全可以勾选截然相反的想法和感受。

表 4-2　想 / 不想努力学习的原因

	想努力学习的原因		不想努力学习的原因
	我想证明我的能力。		我宁愿相信自己是被埋没的天才，也不想证实自己是平庸之人。
	我想考入一所好大学。		考大学不是我的首要目标，我更在乎我的……（比如音乐、运动等爱好）。
	我想让我的父母以我为骄傲。		我永远满足不了父母的期望，所以又何苦尝试呢？
	我会更认可自己。		我会感受到要保持好成绩的压力。
	我的朋友会认为我脑瓜聪明。		我的朋友会认为我是个书呆子。

现在看一下你刚刚填写的表格。就像第一章的动力量尺测验的结果一样，你的答案可能让你自己感到惊讶。在父母或老师眼中，你无心学习，但实际上，你犹疑于是否要努力。一方面，你想好好学习、提高成绩；另一方面，你又不想努力。这其中的原因不止一个，我们稍后会分析。明白你自己的矛盾心理非常重要，因为它是造成你和父母关系对立的罪魁祸首，更重要的是，如果你无法改变自己的矛盾心理，你就无法对自己负责。

权力斗争

让我们回到一个简单的事实：爱你、为你着想的父母可能需要学会淡定。他们之所以无法淡定，一部分原因是，当他们看着你的时候，他们看到的不单单是你，还有他们对未来的希冀！他们觉得自己有义务阻止你犯下他们曾犯的愚蠢错误，尽最大努力确保你获得成功。事实上，他们根本无法做到，但这丝毫不能阻止他们尝试。虽然这样的控制行为很烦人，但这并非你父母的过错——他们不由自主。天下父母都有这样的感觉，也许只有等你做了父亲你才会明白。

总结起来，他们不只是希望你成功，他们需要你成功。他们对你唠叨、与你争吵、威胁你、惩罚你，不惜一切代价，就是为了让你不落人后。

而你，本来想按照自己喜欢的方式生活：希望周末被邀请参加聚会，考虑明天是否要和朋友打篮球。突然，你的父母冲进房间，痛惜天资聪颖的你荒废学业、不思进取。

这听起来很荒唐，对吧？但你的父母就是以这种方式无形之中帮了你一个大忙。对你来说，相较于正视自己对学习的矛盾心理，与父母斗争要容易得多。你只需要将怨气撒向他们，埋怨他们如何给你带来痛苦，如何妨碍你自由生活，如何把你当小孩子一样对待。就这样，"啪"的一声，写论文、考大学、创造未来等焦虑统统消失！紧接着，战斗打响。

这种斗争被称为"权力斗争"，斗争双方较量的是谁权力更大。说到与父母的权力斗争，你将永远是赢的一方。为什么？因为这场斗争与你的利害关系更大。父母所希望的不过是你早点儿上床睡觉，你则是在为自己的独立而战，所以你会穷尽手段去赢，包括大喊大叫、出言刻薄，甚至离家出走。

杰克在家里就是这样，与父母斗气、对抗，结果两败俱伤。杰克把难看的成绩单带回家，然后被父母关禁闭，但这样的惩罚并不能阻止他出门。对他来说，与自己的朋友在一起比什么都重要，因此，他宁愿忍受回家后父母对他发泄的愤怒。杰克的反抗导致父母怀疑他在谋划什么坏事（其实他没有），所以他们开始查看他的房间。这彻底激怒了他，此后他即使离家半天也不会告诉父母自己在哪儿，最终促使矛盾再度升级。就是在那个时候，杰克不情不愿地被领到了我面前。后来，他转学到一所更能满足他需求的学校，开始思考未来，至此他与父母的冲突才算结束。然而，他们花了很多时间才得以修复彼此之间的信任。

事情是这样的，在你挣脱父母的管控时，你真的能对自己负责吗？你可能会赢得战斗，但最终你会输掉战争，因为你牺牲的是你的学业、你的未来和你的自由。

你对成长和承担责任抱有矛盾心理是很自然的，你会在接下来的章节找到更多处理这些矛盾的方法。与此同时，让我们看看，你是否可以以更具建设性的方式解决与父母之间的拔河式冲突。

填写下面的权力斗争问卷（见表4-3），先确定你和父母之间最激烈的三项权力斗争，然后给出你应该赢的三个理由，以及你父母应该赢的三个理由。如果你不知道你们在哪些方面

冲突最多，不妨考虑这些：外出后晚归、玩电子游戏、做作业
拖延……

表4-3　权力斗争问卷

权力斗争	你应该赢的理由	父母应该赢的理由
	（1）	（1）
	（2）	（2）
	（3）	（3）

　　现在，请你勇敢地向前迈一步：把这份问卷拿给父母看，
告诉他们你真的想解决这些问题，并且询问他们是否还有其他
事项需要补充，从中确定最重要的三项，由你们一家人一起想
办法解决。你的成熟会让他们眼前一亮，并因此在协商讨论环
节给你多加几分。我已经嘱咐你的父母要耐心倾听，你可以看
看他们做得如何。

直升机式父母

　　本书从头到尾都鼓励你去追求真正的独立。与其把独立看
作对父母的忤逆，不如说它脱胎于你自己的价值观和人生目标。

个人的独立是天生存在的，不会因为你的恐惧或自欺欺人而被限制。

但有一个问题需要弄清：你的父母是直升机式父母吗？当父母像直升机一样盘旋在你的头顶嗡嗡作响时，你会很烦躁，因为他们总是问你在做什么、和谁在一起，等等。但他们也会在你肚子饿得咕咕叫时给你煮一碗热腾腾的面条，在你忘记带足球包时去球场给你送包，并帮助你检查（有时还改写）你的论文。这听起来还不错，不是吗？但，是真的不错吗？你看清楚这些"帮助"是如何让你依赖父母的了吗？

在接下来的一周里，我要你写下你父母为你做的一切。你必须仔细观察，因为有些事情你可能没有注意到。当你打开衣柜的抽屉，发现你的衣服整整齐齐叠放在里面时，请想一想是谁洗的衣服（希望你没有把脏衣服直接扔在地板上）并且把它们叠好收起来的。当然，你还要记录下你自己目前还无法独立完成的事情，比如做晚饭。想一想，你家里的饭菜是谁做的，又是谁去丢的垃圾？也许是你，也许不是。在下面的清单（见表4-4）中写下相关内容，一周后再翻回到本页。

表4-4　本周父母为我做的事情

1	
2	
3	
4	
5	
6	
7	
8	
9	
10	

现在让我们回顾一下这份清单。先把你知道的能自己做的所有事情都划掉。也许你真的可以自己预约挂号、做午饭、洗衣服，或者主动早起（如果真是如此，那我真要恭喜你）。然后圈出所有你只能完成一半的事情。也许你真的需要你的父母为你检查论文、纠正笔误，但不要再指望他们给你改写句子或告诉你如何表达。如此一来，剩下的就是你自己办不到的事情，比如规划三餐吃什么、购买食材、做饭、驾车上下学。接下来，我要你主动去做那些你力所能及的事情，我知道这听起来似乎

是自讨苦吃：既然有人无微不至地照顾自己，为什么还要亲自动手呢？但你可以把这看作一次尝试，通过这么做，你会觉得自己更加独立，更能对自己负责。

你的父母可能在震惊之余心生感激，他们想知道是什么影响了你，但也许他们还会说："孩子，你真的不必这样。"此时，请一定不要惊讶，我铺垫这么久就是为了解释这句话，记住，这句话的真正含义是："我可不想让你长大，不希望你独立，我要你永远当我的小宝贝。"这听起来真是瘆人。但身为人父，我理解这种心理。

家庭活动

在第二章中，我已经要求你的父母列出了同样的清单。也许，你已经注意到他们不再为你做那么多事情了。现在把你的清单与他们的进行比较。

阶段性总结

现在，让我们快速回顾一下本章所讲的内容。

1. 在是否要努力学习这件事上，你抱有矛盾心理。一方面，你想获得好成绩，考取好一点儿的大学；另一方面，出于各种考虑你踩住了"刹车"。这种"不去努力"的愿望就算不比"好好学习"的愿望更强烈，也与之旗鼓相当。

2. 在你学习的事情上，你父母的态度无比明确，他们就是想要你刻苦奋斗、提高成绩。他们在对你取得高分的追求上，可谓矢志不渝、全力以赴。有时，这似乎成了他们人生的目标，从某种意义上说，你在一门科目上取得了 A，他们就会觉得他们在对你的教育上取得了 A。

3. 你的矛盾心理和你父母的决心把你们推入了充满痛苦和冲突的较量之中。然而，有意思的是，他们把你想要好好学习的愿望尽数吸收到了他们自己身上，而这无形之中帮了你一个大忙——既然有人替你操心学习和考大学这样的烦心事，你又何必操心呢？你要做的就是继续为自己辩解，告诉自己成绩没有那么重要，同时抱怨父母总是干涉你。

这相当于你把那一对矛盾的愿望转给父母一个，你自己留一个。这对你来说可是巨大的恩惠，它让你从本来需要你自己应对的、令你焦虑和煎熬的问题中解脱了出来。这些问题包括：我够聪明吗？我会因为自己考取的大学不理想而感到尴尬吗？我具备取得成功的必要条件吗？所有这些问题都令人坐立难安。

短期来看，从这些压抑的情绪中解脱出来，你可以轻松自在地度过高中岁月，不必努力学习，也不必为未来担心，因为你的父母会替你担心。不过，高中生活转瞬即逝，未来总会到来。当你登台领取毕业证书并回首高中生活时，脑海中却只有与父母的争执，你会有什么样的感受？

我想，你一定觉得很糟糕。你错失了大把的学习机会，我说的"错失"并不仅仅指学科知识方面的，还指探索自我的机会。

如何避免自我怀疑？如何为了实现一个长期目标而舍弃当下的快乐？如何完成该做的事情，尤其是自己不想做的事情？最重要的，怎样确定自己能做什么？下面，我会揭晓这些问题的答案。

接下来的三章将教给你一些重要的技能，帮助你更好地管理自己。你将学会如何设定目标，如何自主支配时间，如何彻底改掉拖延的坏习惯。接着，我将为你分析阻碍你努力的因素，进而为你指明未来的路该怎么走。

对自己负责

　　当你陷入与父母的权力斗争时，你要有所察觉，然后问问自己在这场斗争中如何对自己负责。此外，还要问问自己能否弄清自己在争取什么，能否以更具建设性的方式与父母沟通。

第五章
事不预则废

本杰明·富兰克林说,"做事不提前规划,注定会失败。"他还说"人和瓜最难懂"。我不知道第二句是什么意思,但第一句的确蕴含着深刻的智慧。令人惊讶的是,尽管计划决定成败,但仍然很少有人提前计划。我就是一个疏于计划的人。我讨厌提前筹划,即使针对娱乐活动也不例外。每周五晚上,我妻子都会问我同一个问题:"周末怎么安排?"这个问题合情合理,但不知为何,它总是让我如坐针毡。我并不是说我不享受休假,我惧怕的是计划本身。制订周末计划意味着我要确保自己完成了一周的工作,或者估算出剩余的工作在周末还需要占用多少时间。我一直在经营副业,一旦进入工作状态,我就喜欢埋头钻研,直到大功告成。我已经通过这种方式完成了很多工作,但老实说,这不是最有效的方法。有时,我如此沉迷于自己最初选择的道路,以至于忘记了下一步该走向哪里,或者无法停下来思考是否还有更快捷的路径,甚至忽视了其他同样重要的事情(比如享受生活)。最后,我浪费了很多时间,而我本可以用这些时间做一些更令我愉快的事情。

无论你是否像我一样害怕计划，你都需要制订一个靠谱的计划来指导你提高学习成绩。然而，在你说出你的计划是"完成我所有的家庭作业"或"花更多时间学习"前，让我们先退一步，或者更确切地说，让我们飞向万米高空，像鸟儿一样俯瞰全景。好的计划一定要立足于宏图，所以我们需要先弄清楚你的宏图是什么——它取决于你自己设定的目标。如果你不知道自己有何需求，你就不知道你该去往何方。当你花时间设定好目标后，你会满意于自己每一步的成就，同时还能节省出时间做你想做的其他事情。

谁在主导你？

在上一章中，我曾说到，你可能并不像你想象的那样自己能对自己负责。现在我们来举例说明。在做作业前，你决定休息片刻，比如 30 分钟，看会儿视频，或者玩会儿电子游戏。这个想法可以理解，在学校里度过了漫长而枯燥的一天，此时稍微娱乐一下可以缓解压力、抖擞精神。然而，很快，3 个小时过去了，当你从视频或电子游戏的迷人旋涡中抽身时，你忽然不知道时间都去哪里了，这时你看到自己装满作业本的书包正原封未动地躺在那里。

如果再发生这种情况，你就要问问自己，你看三个小时视频或玩三个小时电子游戏，究竟是有心的还是无意的？当然你可以告诉自己，你是主动"选择"消耗掉这三个小时的，但试想，谁会在一个工作日的晚上连看三个小时视频或玩三个小时电子游戏呢？你没有设定目标，未能制订和执行计划，实际上是你的这种无能"劫持"了你的时间。

下次，当你因为流连于视频网站或电子游戏的世界而忘了背单词时，不妨问问自己，你是否真的是自己意志的主人。你是根据自己的目标和优先事项做出的选择，还是，更确切地说，你任由自己被吸进了名为拖延的黑暗旋涡呢？

目标、能力和意志

心理学家霍华德·加德纳博士提出了目标思考的方法，并将其分解为三部分：目标、能力和意志。目标是你为自己设定的目标或别人为你设定的目标；能力是你实现这些目标所需要的才能和本领；意志是你坚持不懈实现目标的动力的来源。

目标有大有小。如果你曾驱车穿越美国大平原去落基山脉，你会见识到地形的千变万化、落差起伏。从人人都说像煎饼一样平坦的堪萨斯州出发驱车向西，你会注意到地平线上不断冒出小小的山丘，接着小小的山丘变得越来越大，它们构成了落基山脉的山麓。从那里你可以看到远处的巍巍山脉，但你必须开车深入科罗拉多州，才能亲睹这些巍峨的山脉。

目标很像山，长期大目标如冲入云霄的巨峰，它们需要被分解成山丘般大的小目标，小目标需要进一步被分解成更小、更容易攀爬的台阶——拾阶而上可以到达山顶。稍后，在这一章中，我将教你如何设定目标，不过在此之前，让我们看看外面有哪些崇山峻岭可供你攀登。

长大后你想成为什么样的人？

让我们先来看看你希望实现哪些目标。现在，请你回答以下问题：

> 你认为什么是充实的生活？

是拥有很多朋友，还是有两三挚友即可？是加入校球队，还是成为管弦乐团首席？对你来说，也许充实的生活是活跃在自己喜爱的社团中。当然，你的答案可能还包括"成绩优异"，但这个问题我们后面再讨论。想一想你生活中的每个方面，写下你需要成就感的3~4个方面。

1. _____

2. _____

3. _____

4. _____

现在，放松一下，畅想你的未来。对你来说，有成就感的人生是什么样子的？想想10年或15年后。也许你有自己的愿景：成为航天员、保龄球冠军、马戏团小丑，或者从事某种更传统的职业。也许你想住在海边，或者大都市，或者落基山附近！好好梳理你的每一个想法并记下来。

_____

_____

_____

_____

现在，通过记录，你明确了自己以后想过什么样的生活。用手机给这一页拍照，提醒自己每5年回顾一次，看看到时候你是否还有相同的想法，或者又有了什么新想法。如果你为自己设定了一个 10 年目标，那么 5 年后停下来回顾可以帮助你最终实现目标。

目标有用且重要。在本章靠后的部分，我将为你提供一个用来制订计划的模板。现在，让我们先来看看其他人为你设定的目标，特别是学业上的目标。

我知道你有自己的目标（比如成为电子竞技职业选手），并且十分清楚如何一步步实现它们。问题是，这些目标可能并不总是与外部给你设定的目标——比如掌握微积分或学会西班牙语——一致。有些目标是你为自己设定的，有些是别人为你设定的。

追逐你自己的目标

你 3 岁的时候，没有人问你是否想去幼儿园，你的爸爸妈妈直接把你交给了幼儿园的老师，给你留下一盒蜡笔、一套干净的衣服后就离开了。如果你知道接下来将是长达数小时的苦闷和乏味，你可能无论如何也要在出门前与爸爸妈妈抗争一番。

不同的时代需要人们具备不同的知识和技能。几个世纪前，一个生活在大平原上的年轻人需要学习一套与你现在所需的完全不同的技能，并因此接受特定的训练。我们的社会并没有告诉你长大后应该做什么，但它确实为你需要学习什么设定了具体的目标。你越认同这些目标，你在学校里就会表现得越好。当然，学习好不是获得成就的唯一途径。事实上，在学校取得高分并不能保证你将来事业有成。我不想说谎，许多人，包括一些取得了卓越成就的人，高中时成绩平平，最后仍然获得了成功。然而，尽管他们中的许多人，比如史蒂夫·乔布斯和比尔·盖茨，都负有盛名，但这样的人在人群中的比例极低。总而言之，在学校里好好学习可以让你获得你今后需要用到的重要技能，此外，你还能获得更大的选择余地，而多一些选择总归是好事。

在你还是小孩子的时候，你的父母和老师为你设定目标，并教给你实现这些目标所需要的本领。对大多数孩子来说，实现这些目标的动力源于想要取悦父母和老师。随着你渐渐长大，小学习题变成了 10 页长的论文。直到有一天，你开始思考自己想成为什么样的人、想过什么样的生活，并据此来设定自己的目标。你可能已经认识到你正在学习的东西有其作用和价值。更重要的是，你可能越来越认识到具备分析能力、批判性思考能力、提出论点和解决问题的能力以及交流能力的重要性。

现在，你的任务是掌握我们的社会要求你学习的知识和技能，这样将来你才能养活自己，并为社会贡献一份力量。在你接受高中教育以及继续深造的过程中，你的选择范围会越来越大，你可以设定自己的目标并努力掌握实现这个目标所需的本领。也许，你甚至可以成为革新者，开辟新道路，发现新领域。要做到这一点，你首先要设定目标。

分解大目标

宏图大志犹如高山，它有时看起来如此宏伟，以至于我们不知道该如何登顶。下面的模板将向你展示如何安排和计划（我最不喜欢做的事情！），以便你能化理想为现实。任何时候，只要你设定了一个大目标，你就可以回过头来看这个模板——要知道，在出发前绘制好路线图可以确保你不迷路，并根据轻重缓急安排好做事的顺序。

步骤 1：设定一个与你的学业 / 事业有关的长期目标，比如"我想提高我的成绩"。目标一定要现实。如果你现在的平均成绩是 C，那么直冲 A 可能不太现实，至少目前如此。

写下你的长期目标。

_____

_____

_____

步骤 2：解释为什么这个目标对你很重要。

_____

_____

_____

步骤 3：写下当你实现这个目标时你的生活将会发生的变化。

_____

_____

_____

步骤 4：现在，把长期目标分解成一些小的短期目标。短期目标应该足够具体，比如"我想让我的英语成绩从 C+ 提高到 B"。一个长期目标可以被分解成 2~3 个短期目标。

写下你的短期目标。

（1）_____

_____

（2）_____

_____

（3）_____

_____

步骤 5：进一步把你的短期目标分解成具体的小目标。每个短期目标可能都涉及一个具体的小目标，不过有些小目标适用于所有短期目标。下面是一些示例。

● 按时完成所有作业。

● 每天每个科目抽出 10 分钟的时间复习并整理笔记。

● 在老师布置论文的当天就开始动笔。比如，写下 3 个可能的假设，检索一份文献，或通过倒推截止日期来制订时间表。

（1）_____

（2）_____

（3）_____

（4）_____

（5）_____

步骤 6：什么会让你稍有不慎便功亏一篑?

_____

_____

_____

_____

步骤 7：如果你没有取得任何进展，请写下改进措施。你也可以请人帮忙，比如，请你的父母把你的游戏机锁进抽屉并代为保管钥匙；减少参加课外活动的时间。

_____

_____

_____

_____

步骤 8：写下你将如何监督自己，以及请谁帮忙。这一步真的很重要，因为它能促使你负起责任来。下面是一些示例。

● 我将每周回顾一次自己设定的目标。

● 我将记录每项作业并且在完成、上交后打钩进行标记，借此追踪我的作业完成情况。

- 我将每月回顾两次各科成绩。
- 我将每周与我的老师一起回顾学习情况。

_____

_____

_____

_____

步骤 9（这可能是最艰难的一步）：写下你愿意为了达成目标付出什么。如果你到目前为止还没有成功，那就必须做出一些牺牲，毕竟没有付出就没有收获。例如，为了多花时间学习，你可以减少玩电子游戏、看电视、出去玩或者上网的时间。

你愿意放弃什么？请尽量描述得具体一些。例如，愿意每天放学后都不玩电子游戏，早点儿开始写作业；愿意每周花两个小时去图书馆学习，而非出门与朋友们闲逛。

_____

_____

_____

_____

步骤 10：设定意图。意图可以指导你的行动，设定意图可以令你更加关注自己的行动，并使行动变得更有意义。例如，如果你在做作业前明确自己想要学习的新知识或练习的新技能，你将会从作业中收获更多，而非单纯地做作业。

下面是一些示例。

● 我打算付出更多的时间和精力来实现我的目标。

● 我打算继续努力，即使是在我感到沮丧或想放弃的时候。

_____

_____

_____

_____

现在，你有一个大目标、一连串小目标以及更加具体的实施步骤。无论你有什么目标，你都可以利用这个模板来实现。你会惊讶于自己最终的成就。

此外，我想让你跟你的父母分享你的计划，不过，在此之前请让他们阅读下面这封信。

亲爱的爸爸妈妈：

　　普莱斯医生让我跟你们分享我设定的目标，我并不想这么做，但他要求我必须这么做。不过，他说你们一

定要明白以下几点：这项计划是我个人的计划；我是有
权选择是否行动的人；你们不能问我、提醒我，或者在
我不做时惩罚我；我可能会寻求你们的帮助，但除此之
外，一切皆取决于我。同样的原则也适用于打扫我的房
间、丢垃圾和遛狗这几件事（只是开玩笑）。

爱你们的儿子

［请在此处写下你的名字］

遇见威尔

我是几年前认识威尔的，接下来我要讲讲他的故事。我初
识威尔时，他是一个随和、无忧无虑的 14 岁男孩，尽管他成绩
不算差，平均成绩是 B，但他在学习上感到十分苦恼。也许是
因为有注意缺陷多动障碍，威尔觉得与同学们相比，他必须加
倍努力才能获得与他们相同的成绩。体育运动对他来说则容易
得多。他是个全能型运动员，最爱打棒球。对威尔来说，打棒
球可以给他带来满足感，他的目标是进入大学成为 D1 级别的
棒球运动员。

他苦练球技，从不错过任何一场训练，每天晚上都祈盼自

己长到 1.8 米。尽管教练很喜欢他，他却有点儿反应迟钝——每次教练让球员们安静下来时，威尔都是最后一个闭嘴的。赛季结束后，威尔没能进入下一年的 A 队，这让他备受打击，虽然他的父母对这个结果并不觉得意外。威尔的教练给了他实实在在的帮助——一些真实的反馈。教练说，虽然威尔的基本功还有待加强，但相信他的水平会逐渐提高。教练还指出，威尔的短板在于他的行为控制，如果他有更强的自制力，教练相信他不仅会成为出色的球员，还能成为队长。威尔把教练的话记在了心上，他为自己设定了一些目标。

威尔知道，为了控制自己的行为，他必须以更加严肃的态度对待棒球运动，必须把专业训练排在与朋友们随意玩球的前面。为此，他想出了保持专注的办法，比如与朋友们相隔而坐。威尔还认为，如果他设定一些具体的健身目标，这些目标不仅能让他更认真地对待比赛，还能提升他作为球员的素质。他的第一个目标是增加 9 千克肌肉。为此，他一周中有 4 天都在进行力量训练，并开始补充营养。知道自己需要补充蛋白质，他每天早上吃 4 个鸡蛋。

在赛季来临之前，威尔实现了他的目标。他走上球场时，力量训练给予他的优势一下子显现了出来。威尔查阅了 D1 级别的棒球球员的平均成绩，并以此作为下一个目标。他知道自己不能立即达到那些球员的水平，于是将目标分解：本赛季，他希望将击球的距离从 85 米增加到 110 米，并将出手速度从每小时 132 千米提高到每小时 145 千米。威尔向我解释说，出手速度是球被击中后从球棒上飞出的速度。威尔希望在 9 个月内实现这些目标，他将这些目标视为实现他终极梦想的垫脚石。

对自己负责

你可以借鉴威尔的经验，先设定一个长期目标，然后再将其分解为短期的、可实现的小目标，让自己开始对自己的未来负责。一定要提前设想可能遇到的障碍，并坚持执行你的计划。

第六章
停止做你不需要做的事情，
开始做你需要做的事情

有人说，时光如飞机穿梭而过。现在我想问，谁是你的这架飞机的飞行员？当然是你自己，因为只有你自己才能担负起管理时间的责任。虽然这并不意味着你必须每分钟都有计划，但有人说："过好每分钟就不用管每小时。"说这句话的人是谁？切斯特·菲尔德勋爵，这是他在1748年给他儿子的建议。本章将教你管理自己的时间。时间管理能力是你实现目标所需要具备的最重要的能力之一。如果你能做好时间管理，那么在完成重要事情之余，你还会有时间休闲娱乐，你的注意力也不会分散。

我们来进行一项活动。我们需要一些数据——关于你如何支配时间的数据。请填写三份上学日的日志，记下你从放学到上床睡觉这段时间里所做的每一件事（活动类别见表 6-1）。你可以随时记录；如果你有课外活动或社会活动，你可以在回家后记录。为了尽可能简单，我给你准备了一个已经填写好时间点的日志模板（见表 6-2）。

表 6-1　活动类别

课外活动	比如合唱排练、辩论、参加俱乐部活动。
休息	学习一段时间后片刻的休息。
不带负罪感的娱乐	比如做完作业后放松一小时。这是你的空闲时间，尽情享受吧。
就餐	吃晚饭。
学习	完成作业，复习、预习。
消磨时间	你心里清楚自己在拖延。比如放学后本来打算花一个小时看视频，结果却在上面花了两三个小时，或者本来想在做作业前给朋友简单发条信息，结果却和朋友没完没了地聊了起来。一定要记下你的拖延行为。
社会活动	比如做社区志愿者（了不起！）。

如果某项活动不符合其中任一类别，你可以自己创建一个新的类别或对活动做具体描述。制作三份如下页所示的日志，

收集三天的数据。不必精确，估计一个大致的时间就可以。三
天后再回到此处继续阅读。

　　填写完日志，你还要填写后面的"一日反思问卷"（不用担
心，填写不费时间！）。请制作三份问卷，并在每天晚上休息前
填写。

表 6-2　日志

下午 3:00	
下午 3:15	
下午 3:30	
下午 3:45	
下午 4:00	
下午 4:15	
下午 4:30	
下午 4:45	
傍晚 5:00	
傍晚 5:15	
傍晚 5:30	
傍晚 5:45	
晚上 6:00	
晚上 6:15	

续表

晚上 6:30	
晚上 6:45	
晚上 7:00	
晚上 7:15	
晚上 7:30	
晚上 7:45	
晚上 8:00	
晚上 8:15	
晚上 8:30	
晚上 8:45	
晚上 9:00	
晚上 9:15	
晚上 9:30	
晚上 9:45	
晚上 10:00	
晚上 10:15	
晚上 10:30	
晚上 10:45	
晚上 11:00	

一日反思问卷

1. 今天最令我开心的事情是 _____ 。

2. 今天最令我郁闷的事情是 _____ 。

3. 今天适合开始做 / 完成 _____（答案不能为空）。

4. 我讨厌 _____，因为 _____ 。

5. 今天把时间浪费在了 _____ 上。

6. _____ 花的时间比我预想的长。

7. _____ 让我疲惫不堪。

8. 糟了，我忘了 _____ 。

9. 为了更好地管理明天的时间，我应该 / 愿意 / 可以 _____ 。

10. 我今天做的最有意义的事情是 _____ 。

欢迎回来。希望你过去的三天过得还不错，现在可以分析你收集的数据了。回顾你填写的日志和一日反思问卷，计算你花在每类活动上的时间并填写在下页的表格（见表 6-3）中。

表 6-3　花费的时间

活动类别	第一天	第二天	第三天	总时间	平均时间
课外活动					
休息					
不带负罪感的娱乐					
就餐					
学习					
消磨时间					
社会活动					

　　从这张表格中，你有没有发现什么不可思议的东西？我希望你的数据不像我的一个患者的那样糟糕，他发现他每天看视频竟然长达 4.5 小时！一天中最令你开心和郁闷的事情分别是什么？哪些事情令你害怕、耗尽精力或花费你过多时间？为了帮助你分析数据并更好地理解自己是如何使用、误用或滥用时间的，请你回答以下问题：

　　1. 你一天中什么时候能真正静下心来学习？

_____

_____

2. 如果你很晚才能安心学习，明天你要怎么做才能早点儿开始学习？

3. 最令你分心的事情是什么？

4. 你做作业的时间比你预期的长还是短？

5. 你有多少时间是按计划利用的?

_____

_____

_____

6. 你觉得你每天做的什么事情非常重要?

_____

_____

_____

7. 你每天最难完成的事情是什么?

_____

_____

_____

8. 你认为哪种做事的顺序最有助于你完成作业?（例如，吃零食、休息、做作业、吃晚饭、休息；先写 20 分钟作业，然后休息；先做最简单的事情；先做最难的事情。）

_____

_____

_____

_____

　　做得很棒！现在，根据你上面填写的内容，花几分钟思考一下你可以做出的改变并写下来，以更好地管理你的时间。

_____

_____

_____

_____

　　既然你已经知道如何有效地管理自己的时间，让我们来看看那些可能拖你的后腿或阻碍你实现目标的东西。

万事重在开头

　　人们往往有一种错误的认识——有了动力后才能开始做一件事。事实上，着手做本身就是在获取动力，尽管这往往是最难的。举个例子，周二晚上 7：05，你坐在书桌前，看到了周五要提交关于法国大革命的论文的提示。一阵恐惧袭上心头。瞬间，脑海中冒出千头万绪："我该怎么整合笔记和课本中的信息？""我讨厌写文献综述。""我还要准备数学考试呢。""怎样才能写出 5 页内容？""这根本不可能！""我要是写得太差，拿到低分可怎么办？"又过了 3 分钟，你开始惊慌失措。你已经预判任务太难，而你又害怕失败。你一心想着完成这项作业，好似你必须坐下来一口气完成（当然，这是完全有可能的，如果你已经拖延到最后一秒）。下面介绍几种方法帮你解决问题。

方法 1：从现在开始，但不必从头做起

从头做起并不一定是最好的。事实上，只要你动笔，先写哪一部分并不重要。即便写写涂涂 10 分钟，也能极大地缓解你的焦虑（更多内容在后面的章节中介绍）。如此再过 20 分钟，论文的框架就会出现（即便是粗糙的），你也开始有信心往下写了。

随便从什么地方下手都可以，这样你会自动地把论文分解成一系列更小、更容易攻克的部分。

因此，与其问自己"我要怎么写？"，不如问自己"我现在先写哪个比较简单、有趣的部分呢？"。你可以试试。

从感兴趣的部分开始。比如，关于法国大革命，你最感兴趣的东西是断头台。那么，只要它与你的论文有一定的相关性，你就可以从断头台入手，先回顾你的课堂笔记或课本中关于断头台的介绍，然后再自己查找一点儿资料。

从熟悉的部分开始。你可以查阅笔记，翻阅以前的试卷，甚至看你写的具有类似格式的上一篇论文（看看有什么地方可以改进）。提醒自己你已经做过类似的作业，这可以帮助你克服心中的恐惧。

从擅长的部分开始。你如果擅长搭建结构，可以先草拟一个大纲；你如果擅长抒情和议论，可以先天马行空地自由发挥，这样很容易触发文思；你如果很有艺术天赋，可以先直观地以画画的方式呈现一些想法（但不要花一晚上的时间去创作）。

从简单的部分开始。整理笔记？复习课文？做一些简单点儿的练习题？打开电脑？怎么简单怎么来。

方法 2：制订 "开始计划" 并贯彻到底

像做一张试卷或默写一串单词这样简单的作业，从头开始即可。像准备一场考试或写一篇论文这样的作业，就没那么简单。所以，你可以制订一个适合你的写论文或备考的计划，并在需要的时候拿出来用。尽管你可能已经知道了这些步骤，但写下来可以省去你回忆的时间，让执行变得更容易。

每项计划应包含 5~6 个步骤。你可以决定 "今晚完成第一步，然后做其他作业"。而一旦开始，你会发现你不由自主地想要继续。即使你刹住了车，这项计划也会帮助你在下一次重新开始的时候快速衔接。

下面举几个例子，你可以根据自己的需求进行调整。

写论文计划

步骤 1：查看作业提醒或作业要求。

步骤 2：恐慌。

步骤 3：合上笔记本，打开社交软件和朋友聊天，玩电子游戏，和姐姐吵架，制作点心，给朋友发信息。

以上纯属玩笑，相信你一定不会当真！下面是真正的计划。

步骤 1：查看作业提醒或作业要求。

步骤 2：围绕要写的论文发散思维，想出几个论点并记下来。

步骤 3：快速翻阅笔记和课本，刷新记忆。

步骤 4：查看步骤 2 所得论点，精简论点。

步骤 5：草拟大纲（见下文）。

备考计划

步骤 1：梳理笔记，标记出你认为重要的内容，补上遗漏的内容，弄清楚最初令你疑惑的知识点。

步骤 2：使用 SQ3R① 方法（见表 6-4）复习课本内容。在你第一次阅读一个章节时，使用 SQ3R 方法可以给你很大帮助。这个方法经过改良后，还可以帮助你备考。SQ3R 方法可以让你保持专注，让你在脑海中形成一个思维框架，促进你对有效信息的记忆。

---

① SQ3R 指 "调查"（Survey）、"提问"（Question）、"阅读"（Read）、"诵读"（Recite）和 "回顾"（Review）。——译者注

表 6-4　SQ3R 方法

	目的	首次阅读时怎么做	复习时怎么做
调查	收集必要的信息，集中注意力，设定目标。	阅读标题、引言和总结，注意每个粗体标题和子标题，熟悉作者的行文方式。	温习相关内容。
提问	帮助你投入和专注。	围绕每一小节的粗体标题想出尽可能多的问题，记下来。	查阅你记下的问题。
阅读	将信息"填入"脑海中的思维框架。	带着问题阅读每一小节，寻找答案，补充新的问题。	带着问题阅读每一小节。
诵读	训练大脑集中注意力获取信息的能力。	读完每一小节后，看看你能否回忆起问题和答案来，如果不能，就读到能够回忆起为止。	反复阅读每一小节。
回顾	优化你脑海中的思维框架，开始记忆。	看看你提出的问题，如果回答不出来，就回过头来继续阅读。	梳理问题和答案。

乍一看，使用 SQ3R 方法会让你额外做很多，但要知道，计划得越周密，实际完成任务的时间就越短。林肯曾说："如果我需要用 6 个小时去砍倒一棵树，我会先花 4 个小时磨斧头。"

步骤 3：如果你手头有学习指南书，不妨花些时间去研究一下。

步骤 4：借助学习辅助工具（如闪卡、时间轴）来记忆信息。如果备考的科目是数学，可以练习解相关的方程或做证明题。

步骤5：如果有时间，你可以翻阅以前的家庭作业、测试卷和讲义，猜一猜老师可能会考什么。

步骤6：把课本或笔记本放在床边，这样你就可以随手拿起来翻看，比如在上床睡觉前或起床后。当我们睡觉时，我们的大脑会"复习"所接收的信息，因此在睡前快速回顾一下知识点可以加深记忆。

开始学习

在你打开一本书之前，要确保自己不饿、不渴，同时也没有累到没精神学习（这些话我只说一次，你即便昨晚没有休息好，也不能拖到周末再学习）。准备一些健康的饮料和零食以便补充水分和能量。确保学习的地方不要太脏、太乱，以免影响你思考。消除所有干扰。我希望你养成整理书桌的习惯，每天睡前把所有东西放在相应的位置，这样第二天一睁眼你就可以看到一张整洁的书桌，可以快速找到自己需要用的东西。

制作待办事项清单

　　我知道制作待办事项清单是人人皆知的窍门，你也无数遍地听人说过。然而，青少年（至少是我接触的青春期的孩子）不做作业，最常见的理由是他们压根儿不知道老师布置了什么作业。如果你的情况是这样，请查看学校的网站或作业记录本，也可以发信息询问你的同学。列出你必须当晚完成的所有事情。按截止时间进行整理，先是明天要交的作业，然后是再过几天才要交的论文。记下任务及其截止日期，思考如何分步完成并做记录。完成一项作业后，留意下一项作业的截止日期。

草拟大纲

　　我写任何东西，哪怕是购物清单，也要先创建一个大纲。我的理由是：人们之所以害怕写文章，是因为通常不知道要说什么。这也是老师布置作文的原因。写作是一个过程，随着不断输出，你的想法会变得更加清晰且富有条理。写作不仅仅是一种交流方式，它还能加深你对某一主题的理解。

所以大纲非常有用且必要。大纲是一份可以在电脑上不断修正的文件，当你把所有想法都整合到大纲中后，你可以轻松地修改它。我个人喜欢用思维导图软件，本书就是这样写成的。在操作界面，我可以把我的想法或论据放到一个个小圆圈里（见图6-1）。

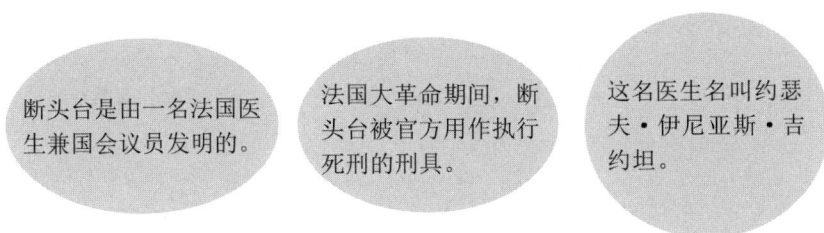

图 6-1　想法的整合

然后，我可以将这些小圆圈与"法国断头台的历史"这样一个大一点儿的主题联系起来，作为我在第一段要阐述的内容。

接着，我再点击一次，这些小圆圈就形成了一个大纲（见图6-2）。

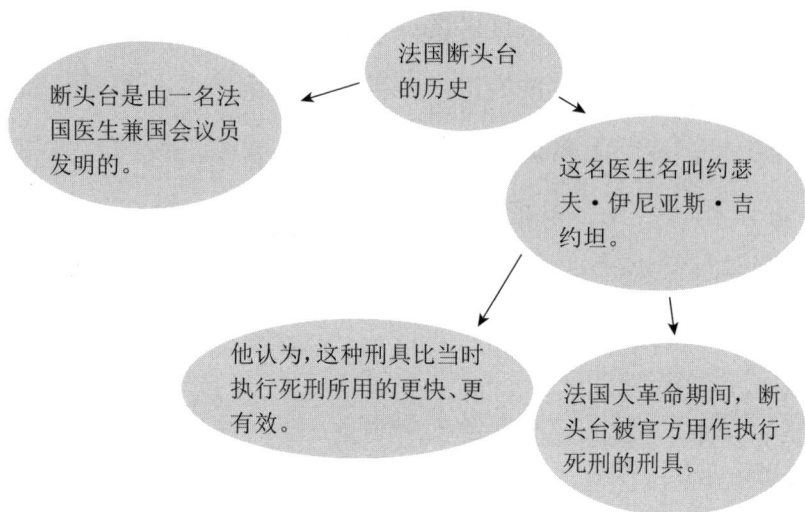

图 6-2　大纲的形成

法国断头台的历史：

1. 断头台是由一名法国医生兼国会议员发明的。

2. 法国大革命期间，断头台被官方用作执行死刑的刑具。

3. 这名医生名叫约瑟夫·伊尼亚斯·吉约坦。

4. 他认为，这种刑具比当时执行死刑所用的更快、更有效。

像这样，我只要有了想法，就可以不时添加一些内容，然后将所有内容汇总。最后轻轻点击，将大纲转到一个文字处理文档中。接下来我要做的就是把大纲的条目变成句子。如果发现了问题，我会重新调整大纲。

保持专注

始终让自己保持执行任务的状态其实非常难，尤其是当你疲劳和无聊的时候，你的思绪会飘到 10 件你想做的其他事情上。接下来我和你分享一些保持专注的小技巧。

确认需要保持专注的程度

有些作业需要你极其专注，有些则不需要。在做作业前，先评估你需要保持专注的程度，以确保脑力充沛。把难度大的任务留在精力旺盛的时候做，比如清晨、午休后，或者在享用完零食后。

远离社交网站

同时做几件事会分散你的注意力。真的不要同时做两件事，这样一心多用只会拖慢你的进度。记住，你需要高效地写完作业，这样才有时间去做其他更有趣的事情。你可以关掉手机、设置长长的密码或增加打开应用软件的难度。

收回游走的思绪

游走的思绪总是在我们需要专注做事的时候闯入我们的头脑。你正在埋头做作业，脑海中却不断冒出一些想法来分散你的注意力："不要忘记明天穿防滑运动鞋。""奥利瓦为什么看了我发的信息却不回复？""如果哥哥吃掉了剩下的蛋糕，我就跟他没完！"写下分散你的注意力的想法，让它们"停驻"在你的笔记本上。将注意力重新拉回到你正在做的事情上。

通过听音乐保持专注

你也可以拿出耳机，循环听播放列表中的音乐。很多边听音乐边学习的人效率更高，听自己喜欢的音乐时尤其如此。不过，我遇到过一个年轻人，他在工作时强迫自己听古典音乐，因为他非常讨厌古典音乐，他用这种方式督促自己快点儿完成工作。

画分心记号

这个点子听起来很傻，但它确实奏效。在一张纸上画一个像小盘子那般大的圆圈。每次分心时，你就在圆圈里画个记号。

一开始你可能会画很多分心记号，但渐渐地你会趋于平静，变得更加专注。你甚至可以在做每项作业时都画一个圆圈，然后看看做哪些作业时分心记号最多！

采用番茄钟工作法

番茄可以用来制作味美的汤和意大利面酱，它与时间管理有什么关系呢？20 世纪 60 年代，还没有智能管家帮助人们计时。当时流行一种发条计时器，状如番茄。人们用这种计时器设定 25 分钟，接着开始工作，直到计时器发出蜂鸣声提示时间到。接下来设定 5 分钟，休息一下——5 分钟刚好够去洗手间或摸摸宠物狗。工作 25 分钟、休息 5 分钟，这样的半小时被称为 1 个番茄钟。回到我们说的时间管理，你可以在完成 3 个番茄钟后休息 15 分钟，接着再次计时，重新开始。

我很喜欢这种时间管理方法，因为它很容易让人全神贯注于某样东西——毕竟 1 个番茄钟只有半小时。此外，短暂的周期内频繁穿插休息时间，单单这一点就让我感觉轻松不少。由于知道休息时间很快就会到来，所以我很容易收回那些令我分心的思绪。

按时完成任务

有些人讨厌截止日期，有些人则认为截止日期必不可少。当老师设定截止日期时，你必须在那之前交作业。你也可以借助截止日期来让自己负起责任。设定截止日期有助于节省时间，因为一个硬性时间节点能让人更迅速地完成任务。有截止日期在你身后推着你，你会更有动力完成作业。即使三周后才需要交论文，你也要把写论文分解成更小的任务（收集资料、写综述、列大纲、写一段正文），并为每一项小任务设定截止时间。要记住，能够按照这些时间节点执行的人只有你（不是你的老师，也不是你的父母）。按照截止日期完成任务十分重要，别人会因此而相信你做事有能力、有条理、有责任心。

顺便补充一句，"晚一点儿"这样模糊的时间并不是真正的截止日期。在设定截止日期时，一定要明确、具体，并使用日历、便签或闹钟等提醒自己。对大多数人来说，最后期限通常是看不见、想不起的，所以要确保你设置的提醒随时可见。

进度停滞怎么办?

我们时不时会走入死胡同。当你卡在一项任务上停滞不前、一筹莫展时，停下来思考你已经完成了哪些部分，找出阻碍你前进的因素并记下来，然后转而去做其他事情或者休息一下，与此同时让问题的解决方案在你的意识之中慢慢成型。

对自己负责

通过以下方式对自己负责。

1. 有目的地利用时间。随意拿起手机浏览信息可不算是有目的地利用时间，你以为自己只看几分钟，但很可能你会看一小时或更久。

2. 制订写论文和备考的计划。

3. 草拟大纲。

4. 练习保持专注的技巧。

第七章
如何改掉坏习惯？

比 方说，英语老师今天布置了一篇5页的论文，完成期限是一个星期。你摩拳擦掌，自信地告诉自己今天晚上就开始写。以你现在的实力，只要稍加努力就可以得B，再说这篇论文要探讨的作品不算难，你甚至还读过一遍。但到了晚上7点，你转念一想："今天才周三，还有整个周末，慌什么呢？"而且，你现在有点儿累了，明天还要参加数学考试，此时你宁愿去给狗收拾粪便也不想动笔了。到了周四，你看到了"完成论文"的提醒，但心中仍没有动笔的冲动。不过，一个令你黯然的想法冒了出来："我今年到目前为止最好的论文成绩是B，这篇又能得到什么样的成绩呢？"

还是刚才的例子。到了周日下午，你开始第三次挣扎。此时，焦虑越积越多，你下定决心当天必须将论文写出个大概。然而，由于心中的压力压得你难受，你觉得有必要先减减压。于是，你转身去查看篮球联赛的球队排名，看到球队排名后你又觉得需要进一步研究你支持的球队进入季后赛的机会有多大——此番下来，你热情高涨，觉得非玩一把运动竞技游戏不可。在你打电子游戏打得昏天黑地之际，妈妈忽然敲门。你知道她要查看你的作业，你说"请进"，与此同时做好了迎接暴风雨的准备。到了周一晚上，焦虑已经压得你喘不过气来，你想立即摆脱这种折磨人的压力，于是你干脆不去想截止日期这回事。转眼到了星期二——交论文的日子，事情再无任何回旋余地。于是，你从晚上 7 点左右开始写，一直写到晚上 11 点多，终于赶在 0 点将论文发给了老师。你对自己很满意，倒不是因为论文写得有多好，而是因为你赶在截止日期前交了论文。你告诉自己在重压之下你已竭尽所能，如此便心满意足地上床睡觉。

这个故事听起来是不是有些熟悉？现在，我们就聊一聊这种拖延的坏习惯。

我相信你肯定也有类似的拖延经历。不管你怎么努力督促自己，也不管你多少次向自己承诺"今天我要痛改前非"，最终你还是管不住自己。

每个人都会拖延，我们来谈谈当拖延成为一种习惯时会发生什么。

表 7-1 是一个简单的关于拖延行为的测试，你可以测试一下自己的拖延等级。

表 7-1　拖延行为测试

情况描述	是	否
在完成一项任务之前，你是否会花大量的时间来质疑这项任务的意义？		
对那些你不重视或不感兴趣的事情，你是否经常拖延？		
你认为自己在有压力时效率会更高吗？		
你经常不假思索地行动吗？		
面对一项任务，你是否会因为不知道怎样着手做而放弃？		
你是否经常同时做几件事，但到最后都没完成？		
当你明明能做得更好时，你能否接受平庸的结果？		
对你不擅长的事情，你是否经常拖延？		
你是否经常在任务变得困难时放弃？		
你是否经常在任务做到一半时放弃？		

拖延之猴

有个名叫蒂姆·厄本的家伙将拖延行为比作一只猴子，我们来听听他的见解。他做过一场关于拖延行为的演讲。他说，拖延之猴是一个相当棘手的角色，它就像一个巫师，用障眼法让我们误以为拖延能带给我们自由。套用已故英国诗人爱德华·杨的话，拖延之猴使你相信还有无数时日，其实它只是为了尽数抢走你的时间。这只猴子还擅长花言巧语，给你虚假的安全感，它告诉你："别担心，一切都在掌控之中，你还有很多时间可以玩。"

说到时间，这只猴子根本就没有时间观念，它真的认为你可以在 30 分钟内突击完成实验报告，尽管你完成上一篇报告明明花了 2 个小时。

拖延的高昂代价

不幸的是，拖延不只是荒废时间。拖延不仅会让你的成绩单变得难看，还会影响你的能力发展！因为拖延让你在做作业时备受煎熬、颇感紧张，它强化了你心中业已存在的"学习让人痛苦"的错误认识。

此外，它还剥夺了你学习一些宝贵技能的重要机会。爱拖延的人永远无法获得计划、组织、自律和关注细节等能力。不仅如此，研究表明，与按时完成任务的人相比，长期被拖延行为折磨的人缺乏自信，出现抑郁和焦虑的概率较大。这就是为什么拖延行为被比作信用卡——刷时心里觉得爽，刷完都是要还的账（更糟糕的是，除了要还本金还要还利息，而拖延行为的利息就是恐惧、焦虑、无助和自我憎恶）。

所以，让我们看看能否把那只爱惹麻烦、爱撒谎、诱人堕落的猴子赶走。这做起来并不容易，因为拖延是一个很难改掉的习惯。你甚至都不愿承认它是一种需要被改掉的习惯，因为拖延行为有着自我强化的本领——当你突击完成的论文得到了一个还不错的分数，哪怕是勉强及格，你都能说服自己去相信拖延是有用的。

但这个坏习惯是绝对需要正视并改掉的。也许，促使你改掉它的终极理由是：改掉了拖延的习惯，你会感觉好很多。事实上，尽管你是为了逃避写论文引起的焦虑才拖延的，但逃避写论文并不能消除焦虑——它只会让那种不好的感觉停留得更久。从老师布置完这项作业开始，焦虑就一直潜伏在你脑海的某个角落里，不知不觉中，你的焦虑变成了恐慌。最后，当在截止日期前直面这巨大的恐慌时，你觉得自己就像被巨浪击中。

要赶走拖延之猴，你必须先明白自己为什么拖延。为此，我们先来了解一下棉花糖实验。

棉花糖实验

多年前，一位名叫沃尔特·米歇尔的心理学家想看看把幼儿和棉花糖放在一起会发生什么。他在几个 4 岁孩子面前分别放了一块棉花糖，并对每个孩子说："你现在可以吃掉这块棉花糖，但是如果你能把它留在桌子上直到我回来，我就再给你一块。"这就是著名的"棉花糖实验"。在这项实验中，一些孩子能够耐心等待，另一些孩子则在他离开房间的瞬间就狼吞虎咽地吃掉了棉花糖。在网上搜索"棉花糖实验"，你会看到忍住不吃棉花糖的孩子的有趣画面。

几年后，米歇尔决定看看参加"棉花糖实验"的孩子们都变成了什么样。他想知道愿意等待的孩子和迫不及待的孩子分别过着什么样的生活。结果他发现，那些愿意等待的孩子比迫不及待吃掉棉花糖的孩子在很多方面都表现得更好，包括学术能力评估测试（SAT）分数——前者的平均得分比后者的高210分。耐心等待的行为与现实生活中的成功怎么会有那么强的相关性呢？

显然，问题不在于棉花糖本身。米歇尔当时正在研究"延迟满足"这个概念。

延迟满足可以被理解为用当下的耐心和辛勤工作来换取未来可预期的巨大回报。这也是故事《小红母鸡》的主旨。与小红母鸡生活在同一农场的动物们悠闲地晒太阳，及时行乐，只有小红母鸡在辛勤劳作。故事的结尾，小红母鸡在温暖的家里舒适地享受生活，而那些懒洋洋的动物则饥寒交迫。

耐心等待者有回报，但如果没有耐心等待呢？

狼吞虎咽地吃下棉花糖的孩子们不愿意等待奖励，他们想立即得到满足。谁又能责怪他们呢？等待并不那么容易，等待过程中要忍受各种不舒服的感觉。那些迫不及待吃掉了棉花糖的孩子，甚至还没弄明白两块棉花糖比一块好，就屈服于甜蜜的诱惑。他们是性情冲动的孩子。

冲动的人先行动、后思考，他们的行为路径是"预备—发射"，然后才是"瞄准"。他们不愿意为了长期的收益（比如心理学家承诺的第二块棉花糖）而忍受短期的痛苦。

对不易冲动的人来说，一点儿焦虑（就像忍住不吃棉花糖或构思一篇复杂的论文所引发的焦虑）恰好激发了他们的动力。然而，对容易冲动的人来说，产生焦虑就像看到醒目的转向标志一样：只要有一点儿不适感，他们就立即寻找新路线，以完全避开引起焦虑的事物。希望你能由此明白为什么冲动会造成拖延，就如相关研究所表明的那样。

你有多冲动？

回答下面"先思后行问卷"（见表 7-2）中的问题，看看你有多冲动。

表 7-2　先思后行问卷

情况描述	是	否
你是否很难确定什么时候开始做某件事情？		
面对令人尴尬的沉默、意想不到的反应或老师的怒视，你是不是经常不假思索说些什么？		
在历史课上，你会不会忍不住说出自己觉得特别有意思的某个想法？		
你是否经常做一些让你陷入困境的事情，直到事后才会思考"我当时在想什么"？		

续表

情况描述	是	否
你是否经常因为思虑不周而无法落实制订好的计划？		
你是否有时会反应过度，比如在一局游戏失败时喊叫或咒骂？		
你喜欢冒险吗，比如玩蹦极或跳伞？		
你做过事后觉得危险的事情吗？		

　　如果你对上述几个问题的回答是肯定的，不要担心，你可能比大多数同龄的孩子更容易冲动，但你的冲动有可能是正常的，因为大多数青春期的孩子都容易头脑发热。事实上，大多数孩子的自制力会随着身心发育而逐渐变强。但是，通常情况下，你越冲动，拖延的习惯就越顽固。

　　不过，我猜你再怎么冲动，可能也比不上我的一个患者——卡梅伦。卡梅伦的拖延行为有多严重呢？这么说吧，他从来没有完成过家庭作业。

遇见卡梅伦

　　卡梅伦热爱极限运动。他享受刺痛感在体内急速释放的感觉，并沉迷于不断挑战自己的极限。他还为自己冒险家的名声感到自豪。在他看来，没有什么比从空中跌落更能让他感受到自由的美妙。因为这随心而动的性情，他感觉可以主宰自己的生活。为了追求刺激，他甚至愿意尝试一些危险动作。

但是，如果卡梅伦认为自己是在行使自由意志，那他就是在自欺欺人。有天晚上，他因为生一个朋友的气，一时冲动扬言要和对方绝交。第二天早上醒来后，他意识到了自己的错误，开始懊悔。可令他更加难受的是，对方不愿意和好。

具有自制力的人能够真正掌控自己的生活，因此能做出理性的决定。他们在交论文的日子远未到来之前就开始动笔，因为他们能适应延迟满足。然而，爱拖延的人的大脑是由即时满足的猴子控制的，它告诉他们"我很无聊，跟我一起玩吧"或者"数学测验让我很焦虑，你知道我有多讨厌这种感觉，所以我们来看几个视频，快快驱散这种感觉吧"。很快，他们就变成了拖延"高手"。

冲动不是卡梅伦的唯一问题，他还有其他困扰，我们现在来看看这些困扰在你身上是否也存在。毕竟，你越了解自己，就越能改掉拖延的习惯，培养出更强的自制力。

愤怒

　　除了冲动，愤怒可能是青少年拖延最常见的原因，卡梅伦的怒气可不少。尽管卡梅伦异常聪明，他在学习上却出了问题。小学低年级时，他随便学学就能应付过去。但到了六年级，麻烦来了，他的父母开始不停地干涉他。当他被诊断患有注意缺陷多动障碍时，情况进一步恶化。他的父母让他在厨房里做作业，以便随时监督他。一旦他成绩不好，他的父母就没收他的游戏机。到了八年级，他几乎每隔一周就要被关禁闭。尽管卡梅伦和父母总体上相处还算融洽，但父母的监督和惩罚令他愤怒。

　　那么，愤怒与拖延有什么关系？我们来分析一下这个问题。你的父母越催促你去做那份又难又无聊的作业，你就越愤怒。然而，你又不能公开反抗——直接拒绝上学或拒绝做作业的后果太严重，于是拖延成了最完美的应对方案。什么都不做就能把父母逼疯，你简直是"天才"！当拖延成了你唯一的选择时，它就像复仇的利器，帮你对抗生活中对你发号施令的父母。你似乎在向他们宣布："你们不要命令我，我准备好了自然会去做作业。"心理学家把这种表达愤怒的方式称为"被动攻击"——通过行为隐晦而间接地表达情绪，而非直接表达愤怒。想象一个在高速路上慢悠悠开车的家伙，他并没有表现出一丁点儿愤怒，他可能都没生气，但你就是气得想揍他，而他自己也知道这一点。

兴趣缺失

卡梅伦觉得学校教的大部分科目都没有任何意义，他从学习中完全得不到成就感。事实上，直到十年级上了编程课，他才看到学习的价值。当他学会编程，他感觉心中有个东西被点亮了。卡梅伦数学一直很好，但他从来没有领会到学习语文的意义，在他看来，忙活一场写出来的作文不过是几页躺满词语的纸。可编程不一样，通过编写代码可以做出真正有意义的东西！卡梅伦意识到了编程课的价值。于是，在求学生涯中，他第一次得了 A。

这不难理解，你对某种事物的重视程度会极大地影响你为其付出多少努力。对不喜欢做的事情，大多数人都倾向于拖延，但当你对任何作业都提不起兴趣的时候，拖延就成了一个真正的问题。

受害者心理

许多爱拖延的人错误地以受害者自居，他们认为那些为自己设定标准、控制自己的人，比如父母和老师，是施害者。受害感往往伴随愤怒。在做作业方面拖延只会营造出一种虚假的掌控感，让你自以为凌驾于那些真正能够摧毁你的期待、限制你的活动和给你制造痛苦的人之上。

这听起来是不是有点儿熟悉？你不喜欢化学，所以化学老师布置的作业总是悬在你心上，令你不安。由于你总是逃避，你的成绩始终没有起色，到了最后，要想得到合格的成绩，就只能寄希望于最后一次化学考试拿到 A。而这希望多么渺茫呀！为什么只有最后一次考试拿到 A 才能合格？突然间，你感受到巨大的不公——化学课深奥难懂，老师讲得太快，并且你确信化学老师从一开始就不喜欢你。

卡梅伦初中时深受这种受害者心理困扰。与上学有关的一切似乎都充斥着不公：为了上学，他被迫早起，必须放弃宝贵的睡眠时间。等他升入高中，这种受害感被另一种更使人颓废的东西——漠视代替。卡梅伦用自己的漠视说服了周围的人，让他们相信他完全不在乎学习成绩。而当我接触卡梅伦的时候，我看出他明显正在被另外一种东西——自我怀疑所裹挟。

自我怀疑

在漠视、愤怒和拖延的伪装之下的卡梅伦，是一个面对作业不知所措的少年。坐下来做作业——这件他的兄弟姐妹、朋友和同学每天晚上都能轻松做到的事情——对他来说比登天还难。我可以清楚地看到躲在漠视和愤怒的盾牌之后的那个感到羞耻却又无能为力的少年。

卡梅伦自知立于必败之地。也许你也如此：做作业会产生不舒服的感觉；但不做作业又备感煎熬。当你打开作业本时，你只是感觉必须做，而非想要做。也许你正在走卡梅伦的老路：当学习变得更具挑战性时，你不是攒劲努力，而是把脚从油门踏板上移开。也许，就像许多青少年一样，你错误地认为学习变得困难是因为你不够聪明。这听起来是不是有些熟悉？你总是在想，努力拼搏后可能仍会失败，而努力后的失败只会让别人知道你不是工具箱中最锋利的那把斧头，不是马群里跑得最快的良驹。这就是你拖延的原因。

拖延实际上是解决问题的一种方案，尽管它最终制造出了更多的问题。如果你冲动，对父母或老师心怀不满，感觉自己受到了伤害，或者对自己能否按时完成作业深表怀疑，那么拖延便自然而然成了解决问题的办法。拖延不是解决问题的有效办法，但它是还击别人、给自己营造虚假的掌控感以及摆脱心理不适感的利器。现在，你应该明白自己为什么这么喜欢使用这种武器了。

不过，是时候寻找真正有效的解决方案了！为了改掉拖延的坏习惯，请先填写拖延日志（见表 7-3，表中给出了一些示例），以详细了解你的拖延行为。收集一周的数据，并将某一天的信息填入表格。

表 7-3　拖延日志

作业	对作业的看法	做作业的计划	理由	结果
写作文	我不擅长写作文。	先玩会儿游戏，休息片刻，然后再开始。	星期四才交。	未完成。
20 道数学题	这对我来说毫无难度，我一点儿都不担心。	先完成作业。	数学是我的强项。	周三晚上开始做，直到周四凌晨 1 点半才完成。

续表

作业	对作业的看法	做作业的计划	理由	结果

现在让我看看你都了解到了什么。为了拖延或者索性逃避写作业，你想到的最不可思议的理由是什么？有没有比下面这几条理由更令人叫绝的？

● 我没做我的历史作业，因为我认为人不能活在过去。

● 我把作业推迟到明天做，因为明天的我更成熟睿智。

● 我没做作业是因为我不想让同学们有自惭形秽之感。

最令我哭笑不得的一条理由是：

● 我家的卫生纸用完了。

不过，说真的，你还有什么念头或感觉在不断涌现吗？上面这些例子可以"启发"你找到拖延的理由。你注意到什么规律了吗？例如，你是否总是做了数学作业而漏掉历史作业？这又是因为什么？也许，就像卡梅伦一样，你只做你真正感兴趣、认为有价值或者擅长的科目的作业。你是否意识到自我怀疑的影子已经悄悄渗入并啃噬了你努力的意愿？

想必现在你对自己的拖延行为已经有了更多的了解，所以以后再有拖延的冲动时，你可以使用下面的策略。

揭穿"正当理由"

爱拖延的人往往容易说谎，他们欺骗自己说做作业并不需要花太长时间，然后假装自己还有很多时间，可以很好地完成作业。这些谎言被称为"正当理由"或"合理依据"。为了停止拖延，爱拖延的人必须认识、反驳并揭穿自己的"正当理由"。你对下面这些理由是不是很熟悉？

- 我在有压力时效率会更高，所以我要推迟写作业。等到压力大到一定程度，我就可以秋风扫落叶，毕其功于一役。

- 如果现在做作业，我将会错过／失去……（比如一辈子只有一次的活动）

- 冷静，这只是一项作业。就算我完不成，世界也不会毁灭。

- 我现在不知道怎么解答这道题，所以我打算放一放再做。

- 做这样的作业需要灵感，等我状态对了再来做。

改变消极态度

爱拖延的人对执行任务持消极态度，他们往往会给自己消极的暗示。你可以用积极的暗示代替。

不要说：

我不得不……

我必须完成……

这个项目这么大，这么重要……

我一定要完美地……

我没有时间玩。

要说：

我选择好好学习。

我应该什么时候开始？

我可以先迈出一小步。

人无完人。

我必须安排好学习和休息的时间。

自我奖励

除了完成作业外，你还要学会奖励自己，但奖励的前提是你从容不迫地按时完成了作业，并且完成的质量不错。也许，你甚至可以和你的父母达成协议——如果你在一周内按时完成每项作业，你周末就可以多玩一会儿电子游戏，或者去最喜欢的餐厅吃饭，或者得到一件礼物。奖励带来的满足不在于奖品本身多么吸引人，而在于它是你靠自己赢得的。

了解自己的感受

在开始一项任务前，借助拖延日志来了解你对这项任务的感受。你也许产生了强烈的消极情绪，这迫使你转身逃避，但这样的情绪是合理的吗？（下一章将介绍如何处理非理性想法和感觉。）你是否需要和别人，比如你的父母、老师或朋友，谈谈你为什么会被这些情绪吓退？

问问自己：如果你现在开始做，可能发生的最坏的事情是什么？你会觉得无聊吗？会焦虑吗？

尝试以下做法。

● 从心理上藐视作业。（"我写了很多优秀的论文，这只不过是又一篇而已。"）

● 每次只做一小部分。（"我今晚先找出相关的书。稍后我会读一遍。"）

● 改变学习环境。你如果在家无法专心学习，就索性换个地方。

● 制订 5 分钟计划。花 5 分钟投入到作业中，5 分钟后，随意做自己想做的事情。可能在坚持 5 分钟后，你就会发现自己已经停不下来了。

● 运用番茄钟工作法。

● 运用 1 分钟冲刺法。先制作一份待办事项清单，把自己最害怕的事情列在最前面，把最容易做的事情列在最后面。然后进行"1 分钟冲刺"：写出解决第一个问题所需的方法。如果这样做也无济于事，就先克服恐惧，然后重新开始。

记住：

● 今日事今日毕，可解后一日之忧；

● 拖延不会降低做事的难度，只会令你更痛苦；

● 未开始做的事情所需的时间最长；

● 等待不会使你必须爬的那座山变矮；

● 拖延使容易之事变成困难之事，使困难之事变成更困难之事；

● 如果必须吞下一只蟾蜍，就不要花太多时间看它。

对自己负责

通过以下方式对自己负责。

1. 如实地解释拖延的原因。

2. 质疑自己为拖延所找的理由。

3. 认识到自己的哪些行为和决定是在冲动之下做出的。

如果不能阻止自己，你至少要知道自己在做什么。

第八章
如果我扛不住学习压力
怎么办？

现在让我们看看藏在拖延行为背后的那些情绪，以及如何更好地管理它们。这几年来，很多孩子告诉我，他们之所以在学业上不愿全力以赴，就是因为惧怕努力所带来的压力。为什么要为保持某个成绩而惴惴不安？更稳妥的办法难道不是低调无为、降低别人对自己的期望值？我称之为"退出"。当孩子们觉得他们无法达到别人的要求时，他们之中有些人就会干脆甩手不干。

是的，学习并不是一件轻松的事情，你为此焦虑情有可原。但是，如果你一辈子都逃避令你焦虑的事情，那么焦虑的情绪就会潜入你的意识深处，在那里茁壮成长，到了最后，你甚至连那些本不会引起任何焦虑的事情都会逃避。

也许你觉得这是胡说八道，那可能是因为你特别擅长打发焦虑，以至于你都不知道它存在于你的体内。这就好比你住在一个脏乱不堪的房间中，因为住得太久，已经对里面的脏乱视而不见了。你的父母无法理解你为什么能心安理得地住在这样一个臭烘烘的房间里，但实际上对你来说这里是最有安全感的地方——你可以逃离整个世界，回避所有压力。只要你拥有电脑和手机，一切都没有问题。

但是，屏蔽不想做的事和不想见的人，只会让那个房间变成一个坚硬的壳，它束缚住你，把你变成乌龟。我想，没有人想成为缩头乌龟。

你要清楚，你逃避的不是做作业。你可能根本就不讨厌历史书。你是在预测你打开它时的想法，你的这些想法以光速传遍你的大脑。你并不总是能察觉到这些想法，但是能感受到它们引发的情绪。这种情绪便是恐惧。你怕做作业花费太多时间，怕付出脑力，怕自由时间不足，怕交上作业之后被判不合格——那种恐惧就像千斤巨石一样压在你的课本上，让你无力打开它。与此同时，还有别的事情正在分散你的注意力。你想玩电子游戏的冲动越来越强烈。根据以往的经验，你知道，只要打开游戏界面，你就能告别坏情绪，拥抱快乐与刺激。这种模式你已经重复很多遍，现在几乎已经成了你的本能。

焦虑本身其实大有用处，它告诉我们前方有危险，让我们提前防备。假设有两个居住在洞穴中的原始人，一个时时焦虑，认为每个转弯处都有猛兽出没；另外一个则不然。你猜他们中谁存活的可能性更大？我猜那个焦虑者才是我们的祖先。焦虑的警钟把我们的神经系统调节成高度警觉模式，让我们随时准备逃跑或者战斗。这也是焦虑能够引起身体反应的原因，这些身体反应包括：肌肉紧张，促使双腿做好奔跑的准备；心跳加快，促使心脏向肌肉输送更多的血液；呼吸短促，以吸入更多氧气；瞳孔放大，以接收更多的光线；皮肤出汗，以降低体温。

当然，在现代文明社会，我们不用再时时防备被野兽吃掉。尽管如此，我们的本能还在。一头烦躁的黑熊会引起焦虑，一个小小的想法——每天千千万万个想法中的一个——也会引起焦虑。想法在头脑中转瞬即逝，很多时候我们还来不及意识到它们进来，它们就已经消失得无影无踪。从你读这个句子的时候开始，脑海中已经有多少想法飘过？当然，你可以说你一直在专心阅读，但你同时可能也在想"我晚饭吃什么呢？"或者"这一章还剩下多少页？"。

显然，有些想法是美妙的，有什么比一场甜蜜的白日梦更令人沉醉呢？但是，有些想法让你郁闷。关于这些想法，尽管你觉得它们反映的是事实，但它们本质上只是对现实的解释。例如，你正在和一个新朋友发信息交流，突然对方停止了回复。你开始怀疑："我说了什么蠢话？""是不是他根本就不想搭理我？"你的猜测可能是真的，但更有可能的是：他的妈妈走进房间让他放下手机，或者他的手机没电了。我们由于多多少少缺乏安全感，所以总是倾向于对所发生的事进行负面解释。

焦虑确实能干扰你的大脑对这些场景的解释。比方说，你现在要写一篇3周后上交的10页纸的论文。用不了多久，你就会成为焦虑的俘虏，它告诉你，这篇论文非常难，需要占用你接下来的2个周末，并且就算交上去，你的得分最终也会很低。心理医生称这种思维为"灾难性思维"，它让你想象出了灾难性场景。换句话说，你的思维扭曲了现实，让现实看起来比实际的情况糟糕。

你想到的并不是真的，但是你觉得这是真的，并因此而拖延（逃避焦虑）到最后一刻。最后，你臆想中的灾难果然降临。

由于想法转瞬即逝，所以我们先来做一项测试，看看你能否捕捉到自己的一些想法，并看看它们是怎么影响你的行为的。你可以用任何令你焦虑不安的事物进行测试，但这里我们只围绕做作业这一主题进行。

按照表 8-1 的格式制作几份日志。接下来的三天里，请在做作业时填写日志。测试的目的是让你记录你在做作业过程中所产生的所有令你焦虑或不舒服的想法。这样的日志似乎与你之前填过的拖延日志非常相似。不过，这一次我们关注的是你具体的所思所想。

一个曾在我这里接受治疗的孩子也填写了类似的日志，我得到了他的允许，将相关内容和你分享。

表 8-1   做作业的心路历程

时间	你在做什么?	你在想什么?	你的所思所想引起了什么样的情绪?	你的行为/反应是什么?
晚上 7:00	阅读资料,为写论文做准备。	我无法按时完成论文。	焦虑	查看手机,之后继续阅读资料。
晚上 7:03	阅读资料,为写论文做准备。	我收集不到足够的与这个主题有关的信息。	焦虑	继续阅读资料。
晚上 7:04	阅读资料,为写论文做准备。	我还有很多事情要做。	沮丧	拿起手机又放下,继续阅读资料。
晚上 7:05	阅读资料,为写论文做准备。	我担心论文字数不够。	担心	数数还有多少页阅读资料要读,继续读。
晚上 7:07	阅读资料,为写论文做准备。	我讨厌写论文,我无法集中注意力。	愤怒	继续阅读。

续表

时间	你在做什么？	你在想什么？	你的所思所想引起了什么样的情绪？	你的行为 / 反应是什么？
晚上7:10	阅读资料，为写论文做准备。	如果拿不到 B 及以上的分数，我会被关禁闭。	担心、愤怒	拿起手机，开始给朋友发信息。

　　你从上述日志中了解到了什么？你是否比你自己意识到的更焦虑、不安或愤怒？你是如何应对这些情绪的？你选择停下

手上的任务，还是继续埋头苦干？我希望你再填写一份新日志，不过这次要计时 30 分钟（见表 8-2）。在此期间，除了做作业外，其他任何事情都不要做，不要接电话、上网或去洗手间。如果思维"卡壳"，你就静坐在那里，继续记录你的想法。

表 8-2　计时日志

时间	你在做什么？	你在想什么？	你的所思所想引起了什么样的情绪？	你的行为／反应是什么？
				继续坚持 30 分钟
				继续坚持 30 分钟
				继续坚持 30 分钟
				继续坚持 30 分钟
				继续坚持 30 分钟
				继续坚持 30 分钟

这次你可能会写出一份完全不同的日志。我猜，当你回顾这篇日志时，你会在开头看到很多充满焦虑的想法，但是几分钟后它们开始减少，到 30 分钟结束时，你可能已经完全进入做作业的状态了。这是因为，其一，将想法记录在日志中，相当

于给它们找了一个临时停放的场所，这样它们便不会压在你的心头；其二，也是最重要的，如果你能长时间忍受焦虑，它们即使不完全消失，也会减弱很多。治疗师就是用这种方式来帮助数百万人克服焦虑的：令焦虑者短时、少量地接触令他们焦虑的事物，然后让他们注意焦虑状态的走向，结果焦虑总是趋于减弱。

焦虑源于对未知的恐惧

我们能感受到焦虑，那种被吞没或不知所措的感觉其实是恐惧所释放的危险信号。无论你为之焦虑的事物是否真实存在，你的大脑都会提醒你："醒来，提高警惕！"紧张、担忧等通常会引发焦虑，其他不良情绪，比如愤怒、嫉妒、伤心和恐惧，也可以引发焦虑。感到焦虑比感到悲伤要好一些，说"我对这场竞赛感到焦虑"比说"我担心我是最后一名"要舒服些。

不确定性也会引发焦虑。不确定性会促使我们做最坏的设想。有些事情是可以预测的，比如，我确定我会在晚上9点钟去遛狗，然后吃零食，再刷牙、上床睡觉。但是，生活充满了不确定性，风险越高（比如考试难度很大）或情况越是不熟悉（比如新加入俱乐部或球队），焦虑越有可能扭曲我们对结果的预测。

走出舒适区

我要介绍的方法不仅能帮助你完成学业，对你生活的方方面面都有帮助。实际上，它能帮助你在任何不确定的领域或陌生环境中变得自信。它就是所谓舒适区挑战，其核心就是忍受不确定性和焦虑。

如果舒适区不好，我们为什么还要给它起这样一个名字呢？舒适区令人舒适是有原因的：在这里，你没有什么可以挑战或需要担心的。我们每个人都需要这样一个地方，我们可以在这里休养生息。但当你被困在舒适区时，问题就来了——没有突破就没有成长。

顺便说一句，我所说的成长并不仅仅指心理上的成长。正处于青春期的你，身体和大脑都在发育、成长。不要因为这个过程中的一点点不舒适就放弃那些能帮你提高智商、掌握新技能和提升已有技能的宝贵机会。

几乎任何值得追求的东西，你要获得它都需要忍受不适感。还记得你第一次学骑自行车吗？你必须忍受对跌倒的畏惧，并且当你跌倒时，你还必须忍受跌倒引起的疼痛和尴尬。除此之外，别无他法。

在学会一项本领前，你必须接受自己的笨拙，忍受你对自己能否成功的质疑，无论这项本领是解方程、玩滑板还是在球场上正面抢球。如果你正在学习的东西是你比较容易上手或者感兴趣的，那么容忍这些就要容易得多。比如我自己，我宁愿为了学会滑雪而一次次跌倒在雪地上，也不愿体会写历史论文过程中那些温和的小挫败。

如果你是一名运动员，你肯定能很好地忍受身心的痛苦，这是运动员必须具备的能力。如果你是一名吉他手，在弹出优美的乐曲之前，你肯定花了无数个小时熟悉和弦、练习指法。玩复杂的电子游戏也是如此。不同的是，对你来说，这些练习具有内在的趣味。当然，在你还是个初学者时，这些练习对你来说可能很苦。但是，一想到有朝一日能够赢得比赛，或奏出天籁之音，或成为游戏世界的王者，你就来了干劲，无论前期的训练令你多么痛苦，你也依然能坚持下去。

你大概已经看出我要表达的意思：面对你感兴趣的东西时，

你总是百折不挠，坚忍地进行着枯燥的训练，而现在你要把这种韧劲用到你不那么感兴趣的学业上。如果你在高中时无法学会直面恐惧或承受自我怀疑，那么当你进入大学、长大成人后，要做到这一点更难。

下面是帮助你克服心理不适感的方法，这些方法有助于你走出舒适区。

1. **观察**。对情绪的情绪化反应才是麻烦的根源，比如被自己的焦虑或悲伤吓住。产生一种情绪时，不要被困其中，而要跳出来，审视情绪的全貌。告诉自己，那只是一种感受，并没有实质性伤害。要记住，情绪就像天气一样。我们喜欢艳阳高照，讨厌阴雨连绵。但是，就像一首美国儿歌所唱的那样：今天雨虽停，不日还会来。我们不能期望永远艳阳高照，要学会忍受阴雨。

2. **允许**。允许情绪自然地产生，不要冲动地沉溺于社交网站或电子游戏以企图逃避。

3. **命名**。给情绪命名，提醒自己那不过是一种情绪而已。例如，告诉自己："恐惧，那只是恐惧而已。"

4. **接受**。不舒服的情绪是不可避免的，而且它们具有重要的作用。你尽可以选择不去理会某些情绪，但是这么做总要付出一定的代价。摈弃悲伤，你将无法体会到爱或关心；拒绝愤怒，你将无法捍卫自己的权利。明白情绪的两面性，如何选择取决于你自己。

5.**自问**。情绪总是在传递某种信号，提醒我们某些东西需要改变，也许他人对待我们的态度需要改变，也许我们自身对外部事件的反应需要改变。悲伤使我们放慢脚步，以便我们有时间弄清楚自己在为什么而烦恼；愤怒告诉我们自身权利受到侵犯，需要出手捍卫；焦虑表明前方有危险，我们需要提高警惕，做出应对。那么，你从你的情绪中了解到了什么？

6.**不被情绪所左右**。我们需要接受每一种情绪，但这并不意味着情绪传递给你的信息是正确的。焦虑试图说服你相信：你如果尝试做一件具有挑战性的事，终将失败。它希望你相信，它的出现意味着你没有成功的机会。

7.**认识到情绪的普遍性**。我敢打赌，你的所有情绪都是人类共有的正常情绪。作为心理学家，我最常做的事情之一就是帮助人们明白他们的情绪是人类面对困难时的普遍反应。当产生某种情绪时，你很容易觉得自己是怪胎，但事实并非如此。不信的话，你可以问问你信任的朋友或大人，问问他们是否也曾有这种感觉。

8. 深呼吸。你已经知道，焦虑会使神经系统进入高度警觉模式。更具体地说，它同时使交感神经系统和副交感神经系统高度警觉。交感神经系统通过提高心率、加快呼吸、放大瞳孔，让你做好准备。一旦危险过去，副交感神经系统就会使你平静下来。上述行为都是不由自主的本能行为，你无法控制瞳孔，也无法左右心率，但是你可以放慢呼吸的节奏——你这么做，你的副交感神经系统就会收到"警报解除"的信号。最合适的呼吸节奏是每分钟6次。你可以闭上眼睛，慢慢地对自己说："呼……1……2……3……4……5；吸……1……2……3……4……5。"如此尝试几分钟，看看自己能否恢复平静。有很多方法教你控制呼吸的节奏，你不妨试试看。

9. 用逻辑应对负面情绪。前面我已经说过，焦虑将日常忧虑变成一场灾难，借此来扭曲我们对现实的认知。抑郁是焦虑的亲戚，它可以将日常的忧虑变成绝望的乌云，遮挡住每一缕阳光。但是，你并非手无寸铁，你有一把叫作"逻辑"的宝剑。现在，既然你已经学会了追踪想法，那么你肯定也能辨别哪些想法不合逻辑。当那些站不住脚的想法出现时，用你的逻辑击败它们！当你的朋友因为手机没电而没能及时回复你的消息时，焦虑可能告诉你"你的朋友抛弃了你"；当你的真实成绩在 B 附近徘徊时，焦虑跟你嘀咕"你会不及格"。你的焦虑情绪是现实的反映，但你要弄清楚你为之焦虑的事情哪些是真实存在的，哪些不是。这个方法可以像深呼吸那样让你平静下来。

10. 忍受。尽量去忍受焦虑。你甚至可以设置一个番茄钟，训练自己忍受一定的时间后再逃开，或者忍受到焦虑自行消失。

战还是逃，你自己选

相较于直面不适情绪，你也可以选择逃避。如果你选择逃避，下面是你要付出的代价。

- 无法按时完成作业。
- 学不到将来所需的技能，比如用流畅的文字写一份备忘录或报告。
- 无法获得克服困难、迎接挑战和处理不适情绪的能力。
- 无法体会学习新事物和获得新技能所带来的快乐、兴奋及满足。

● 失去磨炼自己及由此增强信心的机会。

"舒适区挑战"练习

人们常说，生机始于舒适区的尽头，很多人却因为害怕失败而不敢抵达那个尽头。其实，成就不凡的唯一办法就是找到并扩展舒适区的边界。

尝试写下三件舒适区之外具有不同风险等级（低、中、高）的事情（见表8-3）。我说的风险，不是父母对你发出警告的那类风险，也不是你将为此被关禁闭的那类风险（你说不定本就愿意承担这两类风险）。我说的是你因为害怕出丑、尴尬、失望或挫败而竭力避免的那类风险。下面举几个例子。

● 尝试加入剧团、球队或管弦乐队。

● 请老师帮忙。

● 向朋友坦承他们做的某件事情让你很生气。

● 向朋友表达你为拥有他们这样的朋友而感到幸运。

● 向你想结交的人做自我介绍。

表 8-3 舒适区之外的事情

事情	风险等级	你所害怕的结果
	低	
	中	
	高	

现在,请尝试挑战舒适区,看看会引发哪些情绪和想法。可以先从低风险的事情开始。在开始之前,请先用 1~10 分评估自己的焦虑程度。当你完成了第一个"舒适区挑战"练习后,再回来回答下面的问题。

低风险挑战:

1. 总的来说,事情是怎样的?

2. 你对所发生之事的预测有多准确?

3. 挑战之后你的焦虑缓解了吗?

4. 你觉得自己的挑战值得吗?如果值得,是因为什么?

我相信你能猜到接下来要做什么：接受中风险和高风险的挑战，然后再回到这里评估。

中风险挑战：

1. 总的来说，事情是怎样的？

2. 你对所发生之事的预测有多准确？

3. 挑战之后你的焦虑缓解了吗？

4. 你觉得自己的挑战值得吗？如果值得，是因为什么？

高风险挑战：

1. 总的来说，事情是怎样的？

2. 你对所发生之事的预测有多准确？

3. 挑战之后你的焦虑缓解了吗？

4. 你觉得自己的挑战值得吗？如果值得，是因为什么？

恭喜你完成了三个"舒适区挑战"练习。你已经知道如何击退对焦虑和不确定性的恐惧，现在已经没有什么可以阻碍你前进了！

家庭活动

与父母一起观看相关主题的 TED 演讲，并向他们介绍你学到的缓解焦虑的方法，然后问问他们年轻时都做过什么充满挑战的事情,哪些不太成功。

对自己负责

　　继续尝试走出舒适区。不要被焦虑情绪吓倒,认为自己不能尝试新东西、不属于某个位置或不会成功。

第九章
如果我不够聪明怎么办？

来我这里接受心理咨询的孩子，没有哪个会坐在沙发上对我推心置腹："医生，我不想好好学习是因为我知道自己不够聪明。我可不想刻苦努力一番，结果还是拿到低分，这样只能证明我笨。因此，我在学习上得过且过，这样我就可以把成绩不好归咎于自己没努力。我宁愿选择失败，也不愿让同学们觉得我笨。"可是，经过几个月的接触，我发现上述一番假想的话恰恰道出了他们不努力的原因。现在，让我们从问卷开始。

1. 圈出与你的情况最相符的描述所对应的数字。

2. 完成下面的问卷后，计算总分并将其记录下来。

表 9-1   "应对困难的态度"问卷

情况描述	完全同意	同意	不同意	完全不同意
虽然我不想承认，但我的确很容易丧失信心。	0	1	2	3
设定一个目标后，我相信我一定能够实现它。	3	2	1	0
当我陷入困境后，我总是不知道下一步该怎么办。	0	1	2	3
我是那种永不言弃的人。	3	2	1	0
遇到挑战时，我选择逃避，而非鼓足干劲迎接挑战。	0	1	2	3
遇到令我焦虑的事情时，我会深呼吸，正面迎击。	3	2	1	0
我做事总是半途而废。	0	1	2	3
只要是我有心做的事情，我就能做好。	3	2	1	0
待在自己熟悉的领域最令我开心。	0	1	2	3
遇到逆境，我能迎难而上。	3	2	1	0

续表

情况描述	完全同意	同意	不同意	完全不同意
我只在我自己擅长的事情上花时间。	0	1	2	3
我喜欢尝试新事物所带来的刺激感。	3	2	1	0
我容易知难而退。	0	1	2	3
遇到我不擅长的事情，我觉得我只要努力肯定能做好。	3	2	1	0
我讨厌尝试新事物，除非我知道那是我擅长的。	0	1	2	3
我仿佛拥有一把带很多刀片的瑞士军刀，一片刀片不行，我还可以用另一片。	3	2	1	0
遇到困难时，我就开始玩电子游戏。	0	1	2	3
我喜欢走出舒适区。	3	2	1	0

写出你的得分：_____。往下读，看看这个分值意味着什么。

> **"无论你认为你自己行还是不行，你都是正确的。"**

这是著名汽车制造商亨利·福特的话。他在上述问卷中应该可以拿到很高的分数。我猜你在得分上会逊色于他，不过你并不需要担心。第一，福特虽然成就了一番事业，但他人格有瑕疵，不得不被扣掉几分。第二，你的父母给你买这本书是有原因的，而你刚才的得分可能与这个原因有莫大的关系。

理论上讲，每个人都想成功，但是我所接触的许多孩子迈向成功的步伐都被自我怀疑阻挡了。他们害怕，如果他们头悬梁锥刺股结果成绩却毫无起色，那么其他孩子、老师、他们的家长甚至他们自己，都会发现这样一个真相（这个真相也是他们最怕被别人知道的）：他们不是最聪明的，至少没有聪明到能够在门门功课中拿 A 或考入人人皆知的好大学的那种程度。

这听起来是不是有点儿耳熟？就像拖延一样，不努力也是一种非常有效的临时解决方案。如果你未曾努力，那么你就可以把失败归咎于不够努力而非不够聪明。虽然这么做对自己极不负责，但是这条路走起来让你觉得安全许多。

关于智商的秘密

你的智商与你的大脑密切相关，这毋庸置疑。不过，我说的"大脑"并不是指你大脑中的神经通路，我要说的是你对自己智商的认知，也就是你对自己与生俱来的智商以及未来智商的认知。因为事实证明，认为自己可以变得更聪明的人的确变得更聪明了。

你可能很早就明白了这个道理。在你 4 岁的时候，你的爸爸或妈妈有没有给你读过一本小小的励志童话书，书名叫作《小火车头做到了》？书中的小火车头带着一车厢的零食和玩具向山的那边进发，将零食和玩具送给山那边的孩子们。小火车头对自己说："我想我能做到，我想我能做到。"后来，她的确做到了，虽然她的爸爸妈妈并没有警告她——如果她做不到就不许她出门。

来吧，大声说："我想我能做到！"别不好意思，这句话可以促使你改变。这种改变不仅表现在你的逻辑思维能力上，还表现在你的音乐能力和运动能力上。

心理学家经过多年研究才提出"自我效能感"这个概念，它是一个人对自己能否取得成功的信念。研究表明，这种信念非常重要：相信自己能做得更好的人，实际上的确做得更好了。研究还表明，与自我效能感弱的学生相比，自我效能感强的学生在学习时更有动力，更愿意付出，收获更多，成绩也更好。

我猜你肯定在想："不好意思，医生，事情不可能那么简单。"我要说的是，事情就是这么简单。

每天早晨起床后用"我想我能做到"鼓励自己刷牙，的确无大用。但当你遇到困难，不清楚下一步该做什么或者怀疑自己的能力时，你一定要对自己说"我想我能做到"，而且你必须相信你能做到。

如果你需要一些榜样，你可以想一想迈克尔·乔丹，他可能是篮球史上最了不起的运动员，曾带领芝加哥公牛队 6 次斩获美国男子篮球职业联赛（以下简称"美职联"）总冠军。但众所周知，乔丹曾在高中校队选拔时被淘汰，知耻而后勇的他最终凭借自己的努力，加入了极具传奇色彩的北卡罗莱纳大学篮球队。

如果说乔丹走的还是从高中球队比赛进入美国职业篮球联赛的传统路线，他的两位队友的经历则更具传奇色彩。斯科蒂·皮蓬带领他的高中球队进入了州季后赛，到了中阿肯色大学后，他最初表现平平无奇，平均成绩仅为 4.3 分。但后来他进步神速，终于在美职联选秀中被选中。丹尼斯·罗德曼可以说是美职联历史上最好的篮板大前锋，但他在高中时，要么没有球队愿意收他，要么在球队中坐冷板凳。他当时身高只有1.68 米，他自己也承认他甚至不能上篮。高中毕业后，罗德曼成了一名清洁工，与此同时，他的身高猛增。他家人的一位朋友把他介绍给当地社区大球队的教练，他在那里打球，后来又进入东南俄克拉荷马州立大学。在大学里，他以平均 25.7 的得分和 15.7 个篮板得到了美职联的关注。

如果迈克尔·乔丹、斯科蒂·皮蓬和丹尼斯·罗德曼不相信他们自己能够成功，尤其是在别人怀疑他们的时候，那么芝加哥公牛队就永远不可能成为篮球史上最具传奇色彩的球队之一。

告诉自己"我想我能做到"虽然看起来像迈出了勇敢的一大步，但实际上只是对自我的小小肯定。无论你是否设定一个目标，比如 6 分钟跑 1600 米或几何考试拿到 B，自我效能感都像一个涡轮增压装置，当你感觉自己跑不动要呕吐时，或者想把几何作业本付之一炬时，它使你仍然能够保持运转。自我效能感强的人就像童话故事中的小火车头那样，能更好地面对挫折，对失败的容忍度较高。因为他们相信，只要持之以恒，终能掌握新的知识和技能，虽然他们有时也觉得自己并不聪明。

进入新领域时，人总会有一种无能感，这再正常不过。但是，自我效能感强的人能够容忍自己短暂的无能，他们不内耗，因为他们知道坚持下去就能成功。

现在，来看看你在上述问卷中的得分代表了什么。

0~18 分："我认为我不行。"

19~27 分："我认为我不行"多于"我认为我行"。

28~36 分："我认为我行"多于"我认为我不行"。

37~54 分："我认为我行。"

如果你的得分等于或高于 37 分，那么你能够化焦虑和沮丧为前进的动力。你能忍受这些情绪，因为你知道你的努力终将得到回报。但是，如果你的得分等于或低于 18 分，那么情况正好相反，对你来说，焦虑和沮丧就像闪电一样在警告你："退后。转身。前面有危险。你一定不能这么做。"你只确信一件事情——走出舒适区是自取其辱。聪明人的聪明之处更多在于消解自我怀疑，而非智力过人。完成下面的思维模式问卷（见表9-2）有助于你更好地理解这一点。

1. 圈出与你的观点最相符的描述所对应的数字。

2. 完成下面的问卷后，计算总分并将其记录下来。

表 9-2　思维模式问卷

观点描述	完全同意	同意	不同意	完全不同意
智力是一个人的基础能力，不会发生大的变化。	0	1	2	3
不管智商如何，我总是能多多少少改变它。	3	2	1	0

续表

观点描述	完全同意	同意	不同意	完全不同意
只有极少数人真正擅长运动，那是因为他们具备运动天赋。	0	1	2	3
越努力，越优秀。	3	2	1	0
当别人对我的表现给出反馈时，我总是很生气。	0	1	2	3
我很感激那些对我的表现给出反馈的人，包括家长、教练和老师。	3	2	1	0
真正聪明的人不需要努力。	0	1	2	3
我可以让自己变得更聪明。	3	2	1	0
我天生就属于某类人，很难再改变。	0	1	2	3
我能完成作业的一个重要原因是我喜欢学习新东西。	3	2	1	0

写出你的得分：＿＿＿＿＿＿。往下读，看看这个分值意味着什么。

充满魔力的"我现在还……"

思维模式问卷中的这些问题是由心理学家卡罗尔·德韦克

提出来的。她在研究了多年自我效能感（也可能是读了几千遍《小火车头做到了》）之后发现世界上有两种人：一种人认为自己的智商是天生的、难以改变的，无论后天怎么努力，自己也不会变得更聪明；另外一种人则认为自己可以变得更聪明、运动能力更强、演奏水平更高……这种观念上的差异乍看起来并不重要，其实对智商的不同看法深深地影响着人们的自我评价和努力倾向。

现在，来看看你在上述问卷中的得分代表了什么。

0~10 分：固定型思维。

11~16 分：固定型思维夹杂部分成长型思维。

17~21 分：成长型思维夹杂部分固定型思维。

22~30 分：成长型思维。

如果你的得分高于 21 分，那么恭喜你，你的思维模式是成长型的。遇到困难时，比如写论文、练习跳投或者学弹吉他时，你知道取得成功的办法就是更加努力地去学习和掌握新技能。具备成长型思维的人的口号是——你应该也猜得到——"我认为我行"。

即便发现自己做不成某些事情，这类人也会强调"我现在还……"。我们来看一看"我现在还……"能带来多大变化。

我做不到。	我现在还做不到。
我不理解。	我现在还不理解。
我不擅长。	我现在还不擅长。
我解不了这道题。	我现在还解不了这道题。
我没有收衣服。	我现在还没有收衣服。

最后一句话是我考虑到你的家长而补充的，不过这不妨碍你理解我的意思：下次你再对迎接挑战或走出舒适区抱有负面想法时，你就在你的否定性陈述中添加"我现在还……"，看看接下来会发生什么。

固定型思维和成长型思维

根据卡罗尔·德韦克（她是我心目中的英雄）的理论，拥有固定型思维的人认为他们不会比出生时更聪明。在他们眼中，聪慧是从娘胎带来的东西，有就是有，没有就是没有。他们还觉得尝试自己不擅长的东西太冒险，对他们来说考个很差的成绩就相当于告诉别人自己笨，C 或 D 的成绩代表智商低。

固定型思维其实和智商没有关系，它本质上是一个认识误区：一个人不会变聪明。多么令人沮丧！我见过一个年轻人，他大概是我所认识的人中智商最高的一位。他从小到大所上的学校都是普通人难以考取的名校，可他一直对与数学相关的东西避之不及，一旦遇到数学或逻辑，他就立即逃离。他的 SAT 成绩中，语文成绩是 800 分（满分），数学成绩是 750 分。虽然 750 这个分数意味着他已经超过了 95% 的人，但是他的固定型思维告诉他："不要接触数学，不然人们就会知道你缺乏数学天赋。"

拥有固定型思维的人不明白努力的意义。他们认为，如果一个人真的很擅长某个领域中的工作，那么他在该领域便可轻易成功；努力是笨的表现。这是什么歪理！可他们真的相信，那个宣称在家里花一个小时写出论文并拿到 A 的同学说的是实话（也许他确实没撒谎，但我对此深表怀疑）。在他们眼中，感到吃力或遭遇挑战说明不够聪明。这也是他们轻易放弃的原因，他们害怕负面反馈和别人的批评——他们认为别人是在指出他们的愚蠢，而不是在帮他们变得更聪明。

拥有成长型思维的人也会产生挫败感和自我怀疑，但是他们在处理这些情绪的方式上与拥有固定型思维的人不同。挫败感会困扰他们，却不能阻挡他们。焦虑不会使他们放弃、认输，只会让他们加倍努力。遇到困难后他们会暂停、休息片刻,然后重拾斗志、继续奋战。他们坚信,只要付出努力,就不仅能够完成任务,还能够在这个过程中变得更聪明;也许不能像爱因斯坦那么聪明,但至少比之前聪明,哪怕只是一点点。想象一下,如果你每天都能学到新知识或获得新技能,你会变得多么厉害。你也许感觉不到自己的大脑在发育,但我有确凿的证据证明学习的确可以促进大脑发育。

大鼠、杂技演员和出租车司机

有几项科学实验已经表明,人们在学习新东西的时候,其大脑也在发育。为了探究学习能否使人更聪明,研究者决定观察学习给大脑带来的物理变化。为此,他们用大鼠做实验。在其中一项实验中,一部分大鼠被养在豪华的笼子里,在那里它们可以玩、看电影,甚至还可以玩电子游戏——当然,这些都是我编造的。不过,这些大鼠的生活环境也的确不赖,笼子里面放置了用来鼓励学习的迷宫和玩具。另外一些不那么幸运的大鼠则被关了了"家徒四壁"的笼子里度日。几个月后,研究者发现,相较于没有玩具的大鼠,有玩具的大鼠不仅大脑重量更大，而且大脑中负责解决问题的区域也更致密。

　　这是研究者第一次发现大脑神经元的可塑性。大脑具有可塑性并不是指大脑是由塑料构成的，尽管目前科学界对青春期的孩子在想什么一无所知。大脑的可塑性是指，大脑是可"锻造"的。用机械术语讲，就是"能够用锤子锤打塑形"。我确信你的父母有时候真想把一些道理"锤"入你的脑子，不过这里的"锻造"指的是你大脑中的神经元可以被"塑形"。这一点非常重要，人的大脑中最多有 1000 亿个神经元，这些神经元如果一字排开，能绕曼哈顿一圈。当你的大脑神经元中充满各种信息，而你又必须为明天的历史考试记住某些史实时，你的大脑中会发生什么呢？在纽约，要拓展空间，人们只能盖高高的大楼，你的大脑却并非如此，自然界对此另有妙招。与你身体中的其他细胞不同，大脑神经元并不是紧挨着的，这些神经元之间有细小的缝隙，一些带电的化学物质在它们之间传递信息。这些化学物质被称为"神经递质"。

　　当你学习新东西时，数以百万计的神经元细胞体通过这些神经递质连接，形成一条通路。神经通路遵循着用尽废退的原则，不再使用的神经通路会消失，大脑会根据新的需要再次形成新的神经通路。如果你最后一次想到格兰特的坟墓是在上周参加历史测验时，那你过不了几天就会慢慢忘记那座坟墓里埋的是谁。

　　这就是神经元的可塑性，通过上面的解释，你应该已经知道，与出生时相比，你变得聪明多了吧？

　　你可能在想，能用人做实验吗？总不能把一些人关到笼子里，给他们找一些有趣的事情做，把另外一些人也关起来，让他们无事可做，然后隔段时间比较两组人的大脑吧？其实，真的存在一种与之相关的实验。研究者教一些人学习杂技，让他们每天练习一次，连续练习一个月；告诉另外一些人不要向空中同时抛出一个以上的东西，无论他们怎么想都不可以这么做。如此经过一个月，再比较这两组人的大脑。研究者利用核磁共振成像技术扫描这两组人的大脑，结果发现进行杂技练习的人的大脑顶叶更大。

　　接着我要介绍我的朋友迈克，他可不是一名杂技演员。迈克住在伦敦，是一位银行家。在工作多年之后，他希望尝试一些新东西，但他又不想像他圈子里的人那样去打高尔夫或者买艘帆船，他另有打算。他热爱伦敦，喜欢开车，所以他想尝试做出租车司机。在英国，开出租车是一件非常严肃的事情。在伦敦，你不能像在纽约那样随便坐进一辆出租车，告诉司机

"去帝国大厦"。在伦敦，上车之前，你必须先询问司机能否载你去目的地。出租车司机上岗前，必须通过一场非常有难度的测试，以证明其对伦敦的大街小巷烂熟于心。从 19 世纪末开始，伦敦的所有出租车司机在上岗前都要通过这场叫作"大地图"的职业能力测试。有一次，我去拜访迈克，他指着那些骑着小摩托四处溜达的人告诉我，他们是在记路。

迈克并不是唯一对"大地图"感兴趣的人，"大地图"也激起了伦敦的几名研究者的好奇心，他们从中看到了一个研究大脑可塑性的良机。他们利用核磁共振成像技术扫描通过考试和没通过考试的人的大脑，果不其然，他们发现通过考试的人的海马体更大。海马体负责存储大脑接收到的信息，比如伦敦所有医院、艺术博物馆和公园的位置信息。如果你想知道迈克最后怎么样了，那我告诉你，他最终意识到自己 50 岁的大脑已经无法支持他记住伦敦的大街小巷的位置，于是他买了一艘帆船。

总之，关于大脑可塑性的研究表明，神经元之间的连接是随着人的经历而变化的。通过练习，神经网络可以发展出新的连接，加强旧有的连接。不好意思，我讲得太专业。通俗地说，练习虽然不会让你变得完美，却可以让你变得更聪明、反应更快。从长远来说，练习能让现在对你来说比较复杂的任务变得更容易。所以，上课注意听讲、认真提问、做作业和阅读都能使你变得更聪明。同样，将足球从悬挂着的轮胎的中间踢过去，对着墙练习打网球，或者连续在 3 分线外投篮，都能提升你的运动能力。

保护大脑的可塑性

关于大脑的可塑性，你还需要知道一件事情，那就是大脑一直在发育，但其中神经元的可塑性在两个时期达到巅峰。第一个时期是 0~3 岁，你现在应该已不记得那段岁月，你在那个时期学会了走路、说话和上厕所。第二个时期就是现在，这也是青春期最迷人的地方之一。此时，你的大脑渴望着探索新世界、获取新体验。得益于大脑的可塑性，你现在处于学习知识和技能的最佳时期。如果你想在伦敦开出租车，现在就是熟悉伦敦地图的好时机。

有一点需要提醒你，大脑的可塑性使你的大脑更容易受到药物和酒精的影响。这一点要特别注意。

改变思维模式

希望你现在已经认识到思维模式的重要性，并做好了转变思维模式的准备。如果你一直以来都被固定型思维所限制，那么你的思维模式的转变可能会难一些。首先告诉自己：如果有些事情做起来太容易，那就说明它们不够有挑战性。

说一说你在哪些方面（比如学业、运动、音乐）囿于固定型思维。

写下三件你做不到的事情——你曾经尝试但没有做成的事情。

1. _____

2. _____

3. _____

接着，写下你认为你未能成功的原因。

1. _____

2. _____

3. _____

如果让你再试一次，可能会发生什么？你害怕什么样的结果？

1. _____

2. _____

3. _____

最后,选择其中一件事情,按照成长型思维模式,再次放手尝试。记得在自己的否定性陈述中添加"我现在还……",并告诉自己"我认为我行"。

家庭活动

请你的父母填写思维模式问卷,并向他们解释固定型思维和成长型思维之间的区别。问问他们在哪些问题上囿于固定型思维。如果他们没有,问问他们青春期是否有过被固定型思维限制的经历,以及他们是如何完成从固定型思维到成长型思维的转变的。

最后,找一本《小火车头做到了》,让你的父母读给你听,或者你自己读。如果你觉得这本书不太适合你,你也可以找一本主题类似的励志书。

对自己负责

   对固定型思维发起挑战。当你认为自己无法变得更聪明、更优秀，或者无法掌握新技能时，你可以通过在否定性陈述中添加"我现在还……"来转变思维模式。遇到困境或需要走出舒适区时，请告诉自己"我认为我行"。

第十章
你知道学习很重要，
即便你不愿意承认

也许你会对本章的标题提出异议。不过请先给我几分钟时间，看看我能否说服你改变看法。即便你对学习提不起兴趣，你是否也承认受教育的重要性？我们可以看一看你感兴趣的东西是什么，对你来说最值得争取的东西是什么。换句话说，你遵循的行为准则是什么？对于这个问题，也许你不能立即给出答案。行为准则深藏于你的潜意识中，它们很难被察觉。不过，你需要明明白白地确定这些行为准则，这样才能更好地了解自己，更深刻地理解自己做出某些决策的原因，以及更深入地思考怎样去过更有意义的生活。

首先，行为准则和你的学习成绩有什么关系呢？考试得 A 或考入你梦想中的学府，可能是一件非常重要的事情，但是得 A 或喜欢大学本身并非行为准则。接下来让我们看一看你的行为准则是什么。

你要记住一点，虽然你的家长买这本书是为了提高你的学习成绩，但是我的目的是帮助你最大限度地了解自己，然后让你自己决定是否要在学习上下功夫。

关于行为准则，最令你振奋的一点是，它们完完全全由你决定。也许你会受到其他人（比如你的家人、朋友等）的行为准则的影响，但是你自己才是你的人生列车的司机。只有你才能决定你人生的意义，以及你想遵循何种原则生活。你可能在想："好吧，我以后都不再打扫房间了，因为保持整洁不是我的行为准则。"没问题！但是，凌乱的房间、发霉的毛巾、到处散落的空饮料瓶只能说明你不在乎环境整洁，却并不能说明你在乎什么。

本章探讨的内容能够激发你的生命力，帮助你回答一些宏大的关乎人生的问题，比如你是谁、你信仰什么、你想成为什么样的人。

行为准则关乎你想做什么、你在乎什么以及你支持什么。

5 年之后，也许你的择友观和对音乐的喜好会发生变化，但你的行为准则很可能依旧如初。

明确自己的行为准则需要一辈子的时间，它们就像指南针，指引你朝正确的方向前进。当然，每个人都会时不时偏离航线。你的行为准则也会被经验检验和塑造。你现在需要关心的不是你什么时候偏离航线，而是你偏离的次数、偏离的程度以及需要多少天或多少年才能回归正轨。

行为准则究竟是什么？

为了更好地理解行为准则是什么，我们先来探讨一下行为准则不是什么。

行为准则与目标

如果说行为准则是指引你向正确方向进发的指南针，那么目标就是你要到达的地点。目标代表的是你想要在未来实现或得到的事物，行为准则则时时刻刻伴随着你。你应该深有体会，目标可以是别人为你设定的，行为准则则帮助你设定你自己的目标。例如，你看重健康和身材，这个行为准则就催生了一些目标，比如减肥或增肌。重视教育和求知欲也是一种行为准则，但取得好成绩只是一个目标。我们都知道，这两者并非总是相伴相随的。

行为准则与需求、欲望

行为准则与需求、欲望不同，我们能够掌控自己的行为准则，然而需求或欲望的满足往往取决于他人的行为。例如，你不能强迫别人认可你，无论你多么渴望得到他们的认可。有意思的是，虽然我们不能掌控别人针对我们的看法和做法，但我们自己的行为准则能帮助我们管理我们针对别人的看法和做法。例如，当别人伤害你时，如果报复是你的核心行为准则，你会做出一种反应——报复；而如果宽容是你的行为准则，你会做出截然不同的反应。

行为准则与伦理、美德和道德

很多人不清楚行为准则与伦理、美德和道德的区别。行为准则没有好坏之分。简单地说，它们反映出哪些东西对我们很重要。你也许看重你的父母或朋友所不屑一顾的东西，这并不意味着你是错的。例如，我认为艺术创作具有极高的价值，但如果你不这么认为，那我们可能永远不会在博物馆里相遇。同样，如果我不看重健康和身材，你也很难在健身房里看到我。

令人困惑的地方在于，当某些权威人士用好坏来判断某个行为准则时，行为准则就变成了伦理、美德或者道德。探索你自己的行为准则有诸多益处，其中一个益处便是帮助你顺利行驶在情况复杂的舆论海域，抵御狂风暴雨。

行为准则探索

我们来看一看你真正关心、支持什么，你想具备什么样的个人优势和品质，你想怎样对待你的父母、兄弟姐妹和朋友。

魔法棒

想象你有一根魔法棒，它能够让你变成一个万人迷，让你遇到的人都喜欢你、爱慕你。如果你拥有这样的魔法棒，你会怎么做？我猜你会和我一样，第一个念头便是：做我想做的任何事情。

现在让我们围绕这根魔法棒展开更严肃的思考。先回答下面的问题。

1. 你会怎样待人？态度会不会和现在的不一样？

_____

_____

2. 你会着手做什么或者更频繁地做什么？

_____

_____

3. 你会停止做什么或者避免做什么？

_____

_____

4. 如果这根魔法棒可以改变世界上的 3 件事情，而且只有这 3 件，你会选择改变什么？

（1）_____

_____

（2）_____

_____

（3）_____

_____

超能力 VR 眼镜

假设你用那根魔法棒换取了另一个神奇的装备，比如一副具有神奇功能的 VR 眼镜。当你戴上这副眼镜时，只要你想起一个好朋友，他就会立即出现在你面前。单单这一点已经足够令人惊喜，不过这副眼镜还有更多不可思议的功能。当你向朋友们的头部发射激光时，你可以听到他们在想什么。当然，你听到的不是他们的所有想法，不是关于你是否英俊或者篮球打得如何，而是关于你是一个什么样的人，比如你是不是一个值得信任并可以分享秘密的朋友、他们是否愿意与你一同流落孤岛，以及你身上有哪些他们所羡慕的品质或优点。写下你想象的或你希望他们给你的评价，至少列举 5 个特征或品质。

1. _____

2. _____

3. _____

4. _____

5. _____

现在，请换成另外一个人，这个人的意见你向来格外重视。

你希望他怎样评价你?

1. _____

2. _____

3. _____

4. _____

5. _____

通过上面的答案,你对自己有了什么样的了解?你所列举的 5 个特征或品质可以清楚地折射出你的行为准则。你想成为什么样的人?在这些特征或品质中,你是否有意料之外的发现?

如果是我,我会怎么办?

现在我们来玩一玩"如果是我,我会怎么办?"的游戏。假设你处在青少年经常面临的状况中,每种状况都基于某些行为准则而设。看一看你在其中会做出什么反应。先阅读关于场景的描述,想想背后的行为准则,然后回答下面的问题。

记住,你应该怎么做与你会怎么做并不总是一回事。不要欺骗自己,想一想现实中你会怎么做,要实事求是。

场景一:

你正在参加一场物理考试,这场考试的分数会对你的最终成绩有很大影响，你需要高一点儿的分数来挽回局面。起初你答题答得还算顺利，但物理不是你拿手的学科，你被最后一道大题难住了，这道大题竟然占 20 分。你的大脑一片空白。如果你这次考试的成绩低于 B，你的父母就会禁止你出去玩，直到你的成绩有所改观。你环顾教室，发现班里的一个尖子生正坐在你旁边，你一眼就能看到他的试卷上这道题的答案。恰巧这个时候老师正在板书，看不到你的动作。你如果要行动，就必须尽快。

1. 你会怎么做？

_____

2. 无论你是否抄同学的答案，都请你解释原因。

_____

3. 这个困境考查的是诚实和公正这两个行为准则。我知道这两者对你都很重要。但是，如果你最终选择了作弊，那么又是什么力量促使你违背这两个行为准则的呢？

_____

4. 如果你作弊被另一个同学当场揭发，他对你的行为表示气愤，你会怎么办？

_____

5. 如果你作弊被抓，并且第二天老师找你谈话，你会怎么办？会坦白还是试图掩饰？

场景二：

雅伦是你最要好的朋友，他的父母这个周末不在家。雅伦趁此机会开了一场派对，你们玩得开心极了。直到晚上 10 点，大家还不愿散去。你与新结识的朋友聊得十分投机，这时你的另一个朋友吉亚拉告诉你，你的朋友凯特琳现在情况很不好，已经在洗手间里吐了 30 分钟。当你赶到时，凯特琳已经晕倒在地板上。你和朋友们最近一直很担心她，因为她最近状态不佳，但晕倒还是头一次。吉亚拉坚持让你通知凯特琳的父母并拨打急救电话，你却不确定是否一定要这么做。你知道雅伦会因为私自开这场派对而被他的父母责罚。此外，你清楚，你也会受到自己父母的批评，因为雅伦的母亲肯定会将此事告诉你的母亲。你还知道凯特琳和她父母关系一直比较紧张，你也不想让她父母知道此事。这时，朋友们都聚集过来，争论得越来越激烈。吉亚拉十分担心凯特琳的身体，而雅伦则一副过来人的腔调，认为凯特琳只需要睡一觉。

1. 在吉亚拉和雅伦的争论中，你站在哪一边？

———————————————————————

———————————————————————

2. 你或者你所认识的人有过类似的经历吗？

———————————————————————

———————————————————————

3. 这个场景所考查的行为准则是忠诚，但是未明确对谁忠诚。是对你最要好的朋友雅伦，还是对凯特琳？

———————————————————————

———————————————————————

4. 如果这是一个真实的场景，并且你的父母知道了这件事，他们会有什么反应？

———————————————————————

———————————————————————

5. 你的父母或你一直以来所信任的人，是否和你聊过所有

可能的紧急情形，并为每一种情形拟订可能的应对措施？你希
望他们这么做吗？为什么？

_____

_____

_____

纸牌游戏

　　希望上面的情景能让你认清自己的部分行为准则，并对其
进行更深入的思考。我们来做一个游戏，以帮助你明白你都持
有哪些行为准则，以及哪些行为准则对你最重要。本书末尾提
供了一系列卡片，卡片正面是行为准则，背面是具体的描述。
将这些卡片沿虚线剪下来，做成一叠纸牌。

　　很有趣，对吧？然后将这些纸牌分成3类——"不重
要""重要"和"非常重要"。你无须过多思考，也不要担心每
一类别应该包含多少张纸牌。

　　之后，从"非常重要"那一叠中再挑出最重要的。你需要
多挑选几次，因为未能进入"决赛"的纸牌所代表的行为准则
并非不重要，同样，被你认定为"不重要"的行为准则，并不
一定是你真的毫不在乎的。

　　这个游戏的目的是帮助你弄清你最看重的是什么。我在整理这些纸牌时，认识到在我心目中努力工作比娱乐更重要。因此，对我来说，我需要反思我自己"只会工作不会玩"。你呢？有没有从中领悟到什么？

　　行为准则可以分成很多类别，请看下页的表格（表 10-1）。

　　再看看你认为最重要的 5 个行为准则，把它们一一写下来。

　　1. _____

　　2. _____

　　3. _____

　　4. _____

　　5. _____

　　接下来，看看它们以何种形式出现在你的生活中，然后为每个行为准则设定 1~2 个目标（见表 10-2）。

表 10-1　行为准则分类示例

自立	安全	关系	健康	责任	财富	抱负	幸福	正义	能力	创造力	接纳	探索	家庭	教育
独立	确定性	同情心	身心健康	自律	财务稳定	雄心	娱乐	平等	本领	创造性	包容	多样	家	好奇心
自主	掌控感	爱		责任感		竞争	热爱	公正	挑战	成长	欣赏	冒险	传统	学习
忠于自我		热心		信任		坚忍	温暖				人缘			
		友谊		承诺		卓越					声誉			
		宽恕												
		忠诚												
		合作												

表 10-2　行为准则和目标

行为准则	目标
1	
2	
3	
4	
5	

思考最后一个问题，在做这个游戏时，你是否察觉到你所推崇的行为准则与你在学校实际表现之间的关联。

你挑出的前 5 张纸牌是否包含以下一个或多个行为准则：确定性、掌控感、自律、责任感、信任、承诺、财务稳定、坚忍、卓越、本领、挑战、创造性、成长、好奇心、学习？如果包含，我希望你明白，取得好成绩实际上是由你的行为准则驱动的目标。

家庭活动

现在再翻一次你的纸牌，看看你能否预测你的父母或兄弟姐妹所持有的最重要的 5 个行为准则，预测他们的与你的有何异同。然后把这一叠纸牌交给他们，让他们自己确认行为准则，最后你们一起比较结果。看看你的预测是否准确，你们是否对彼此的行为准则排名感到意外。

对自己负责

　　用你的前 5 个行为准则来指导你做选择、参与活动或与人相处。

第十一章
与未来的自己对话

你还记得我在第一章中提到的乔丹吗？我把他比作一只兔子——他有一点儿自大。在一次治疗中，乔丹告诉我，每当老师布置了他不想做的作业，他就会安慰自己："让未来的乔丹去担心这件事情吧！"然而到了该交作业的时候，他又对自己说："过去的乔丹真是一个坏小子。"

演员马修·麦康纳对未来的自己抱有不同的情感。很多年前，当有人问 15 岁的麦康纳谁是他心目中的英雄时，他回答说："10 年后的我。"在奥斯卡颁奖典礼上，他告诉观众，他成功的秘诀之一就是用远大目标激励自己。与乔丹不同的是，麦康纳并非性子高傲。到了 25 岁，他发现自己离那个设想的英雄还很远，但他并不认为这是失败。于是，他把标尺又往后挪了 10 年，挪到了 35 岁。麦康纳的秘诀在于，他知道他永远成不了自己心目中的英雄，但这并没有关系，因为朝着目标狂奔对他来说已经足够。这是个非常有意思的方法，通过努力激励自己 10 年后成为自己心目中的英雄，他逼自己成了当下最好的自己。

顺便说一句，乔丹已经 22 岁了。后面会提到关于他的更多信息。

改变能有多大？

处于青春期的你，可能正忙于探索当下的自我，而无暇去思索将来的自己会是什么样子的。我说的这个"自己"不是一周前你希望他努力备考或者 5 分钟前你希望他不要发照片的你"自己"，我谈论的是真正的未来的你"自己"，那个 5 年或 10

年后的你"自己"。那时的你和现在的你会有多少相似之处呢？你们是否会有同样的好朋友，喜欢同样的乐队，喜欢同样口味的冰激凌？你如果现在腼腆羞涩，到了 20 多岁是否依然如此？你如果现在酷爱打篮球，到了 30 岁是否还会热情不减？

一位名叫丹·吉尔伯特的心理学家曾做过一些研究，发现多数人都低估了 10 年后自己发生的变化。换句话说，尽管许许多多事物仍然维持原状，但是我们自身所发生的变化比我们预期的要大。吉尔伯特认为，之所以如此，是因为人们更容易记住不久前的过去，而难以想象未来。你很容易记得上周末你是和谁出去闲逛的，但你很难预测在你 27 岁的某个周六晚上会做什么。

所以，你现在需要对各门科目都上些心，即便你认为目前甚至将来你都不会对它们感兴趣。

一切都在变化之中

15 岁时，我是个素食主义者，最喜欢的音乐是民谣，最好的朋友是理查德和艾德曼；我想成为心理学家，不过数学成绩很差。

现在的我喜欢吃汉堡包，喜欢听爵士乐，我的好朋友也换了。唯一不变的是，我数学依然很差。

在我 15 岁时，我觉得自己一定要坚持自我直到生命的尽头。也许你也是这么想的。青少年之所以如此确信他们找到了真正的自我，并认为自己的未来已经板上钉钉，是因为当他们进入青春期后，他们的世界相较于儿童时期的发生了巨大的变化。一个小孩子不会认真去思考自我身份，他对自己的认知在很大程度上是由其家人定义的，他通过父母的眼睛看这个世界。然而，青少年完全不同，青少年意识到他可以决定自己的兴趣和价值观。实际上，青春期最令人激动的事情之一就是你可以独立思考。

不过，正如吉尔伯特和其他研究者所发现的那样，我们低估了自己可能会发生的变化。你的部分性格特征会伴随你一生，但你现在的样子并不能完全决定你未来的样子。上一次化学考试得 C 并不意味着你永远成不了化学家或无法从事与化学相关的工作，正如在学校演出中做主角并不意味着你将来会成为百老汇的明星一样。

你不知道明天的自己究竟会是什么样子的，这意味着你明日的成就不可限量，如果你能像马修·麦康纳那样思考，为成就未来的不凡做准备的话。

给未来的自己的一封信

我要你做一件奇特的事情：和未来的自己对话。由于很难想象未来的自己是什么样子的，所以你最好把未来的自己当成一个完全不同的人。他在这个世界上比你多活了 10 年，他看待事物的眼光肯定与你的不同，他的一部分好恶已经发生了很大变化。

现在，想象 25 岁或 30 岁时的自己：长成了什么样子？和谁住在一起？住在哪里？从事什么工作？接下来，我想让你和这个人聊一聊。为了方便你们对话，我为你制作了一份完形填空"试卷"。

未来的 ＿＿＿＿＿＿（你的名字），你好！

今年是 ＿＿＿＿＿＿年，我 ＿＿＿＿＿＿岁，现在上 ＿＿＿＿＿＿年级。

我最喜欢的事情是 ＿＿＿＿＿＿＿＿＿＿＿＿，我还喜欢 ＿＿＿＿＿＿＿＿＿＿＿。

我觉得我擅长 ＿＿＿＿＿＿＿＿＿＿＿。但说实话，我

更希望自己擅长 _____ 。

在人际交往方面，我觉得我表现得 _____ ，你应该还记得你在青春期时的样子吧。

每个人都在意别人对自己的看法，我也不例外。

我的爸爸妈妈比较 _____ （形容词）。他们最喜欢谈论我的学习，不停地唠叨，我真的 _____ （对学习的态度）学习。

学习太 _____ （形容词）。但问题是，关于未来，我感到 _____ 。

你觉得未来的你会怎样回答下面的问题？

1. 如果你有一根魔法棒，能够改变现在的我，你会改变我的什么？

_____

_____

_____

2. 从你现在这个年龄往回看，你想给我什么建议？

_____

_____

_____

3. 你后悔你在我这个年龄做了什么？

_____

_____

4. 你后悔你在我这个年龄没有做什么？

_____

_____

我让胡安（一个23岁的年轻人，在我认识他时他刚刚高中毕业）和乔丹分别给15岁时的自己写了一封信，来看看他们写了些什么吧。

15岁的我自己：

　　你好！

　　我今年23岁了。我可以告诉你，现在一切都很好。虽然你在九年级的大部分时间、高一的一半时间里都对被父母关禁闭一事耿耿于怀，但这项惩罚措施的确端正了你的学习态度。托你的福，我最终进入了自己喜欢的大学，在一家非常棒的公司工作，并且订了婚。回首过去，我有一些重要的建议：追随自己的兴趣，无论它们看起来多么不靠谱。我希望我在你这么大时能够更有激情地去追逐音乐梦想。遗憾的是，那个时候我担心自己表现得不够好，害怕别人嘲笑我。从那时起，我就意识到，那些嘲笑别人的梦想的人，最终都成了无聊的大人，因为他们没有自己的梦想。还有什么比这更糟糕的呢？高中的世界小极了，我知道我当时的情况就是如此。我被别人对我的评价禁锢了，即便这些评价并不一定正确。过去，我想成为一名音乐家，而我的朋友们认为这很荒诞。每个兴趣爱好都需要一个能滋养它成长的社群，所以你首先要做的是寻找志同道合的朋友。

胡安

15 岁的我自己：

你好！

我来自未来，今年 22 岁了，我现在和 15 岁的自己，也就是你，分享我的自我发现旅程。我还记得你有多么傲慢——很长一段时间里你都觉得你比朋友们优秀，只是因为他们比你晚一点儿知道热反应的原理、美国内战的起因以及《哈克贝利·费恩历险记》的主旨。除了你自己，所有人都知道你的傲慢只是在掩饰你的自卑。好消息是，你最终接纳了自己并开始做出改变。到了 22 岁，你已经变得自信多了。在我找到自己真正的兴趣以及认清自己之前，我有很长一段时间都没有归属感。你非常聪明，但现在我意识到，上天给你最大的礼物不是智商，而是对学习的热情和对知识的渴望。我仍然记得从奥古斯都到罗穆卢斯的历任罗马皇帝。我想告诉你的是，要继续学习科学文化知识，这对你有长远的好处。

我知道你在高中时过得很不开心，现在我仍然有情绪低落的时候，但是不再像之前那样了。你越了解这些负面情绪，你就越能战胜它们。现在我已经能够摆脱它们的影响。我能够看到隧道尽头的光亮。来吧，穿过黑暗，你就可以成为真正的男子汉。

我的建议：你犯的最大错误是缺乏行动力。你离开了足球队，拒绝加入辩论俱乐部，并且放下了吉他，而你这么做仅仅是因为你害怕失败或被拒绝。

> 　　我知道你想了解现在的情况。好吧，我告诉你。我进入了自己想进的大学，但这只是因为我被一个面向普通学生的项目接收了。尽管我仍然不能完成全部作业，但我坚持了下来。我最终进入了商学院，结交了一些好朋友，并且发现自己爱工作胜于爱学习。
>
> 　　现在，去寻找自己喜欢的领域，好好耕耘吧！
>
> 乔丹

　　这些信写得很不错，是不是？有意思的是，胡安和乔丹都没有劝诫年少的自己多在学业上"耕耘"，这也是我要告诉你的。他们都建议年少的自己多关注自身，做自己在乎和感兴趣的事情。

　　有些网站可以让你给未来的自己写邮件，并自由设定一个回复日期。过去的 23 年里有上千万封邮件从这样的网站发出。登录相关的网站，你甚至可以看到别人分享的邮件内容。

给未来的自己帮个忙

现在来做一些能让未来的你感激现在的你的事情。不过，你要明白，帮助未来的自己并非让你延迟满足，通过舍弃当下而赢取未来。心理学家本杰明·哈迪曾说："着手创造更好的未来，可以让你过好现在。"也许这意味着，你要加把劲练习长号，不再玩电子游戏而去学习，或者听从胡安和乔丹的建议，克服对失败的恐惧，去尝试新事物。通过为未来的自己做这些事情，你能过好现在。

下次当你遇到困难甚至失败时，不要去想自己不够优秀，而要着眼于未来，然后问自己："此时从此事中我能学到什么？"

当你根据自己未来的需求做决定的时候，你就在被自己的未来定义，而非你的过去。如此一来，你的天花板便是天空——你突破了自我。不要像乔丹那样把不想做的作业都留给未来的自己，相反，你要这样想，如果你现在能凭借学习变得更聪明，能通过每周多练习来熟练吹奏长号，能通过训练提升球技，未来的你该有多么感谢现在的你。

不要去想你长大后要成为什么样的人，而要想你现在要成为什么样的人。你是一个正在接受训练的英雄。不要与他人比较，要通过与一个月甚至一年前的自己对比来增强自信心。自命不凡的时候，想一想海明威的话："比别人优秀算不上高贵，真正的高贵在于超越过去的自己。"

家庭活动

把胡安和乔丹的信拿给你的父母看，让他们也给 15 岁时的自己写信，然后将信拿给你看。

> **对自己负责**
>
> 问问你自己，你现在做的选择能帮助未来的自己还是伤害未来的自己。

第十二章
为自己感到骄傲

每本书都有自己的主旨，有的承诺在30天内让你的腹肌更紧致，有的教你致富秘诀。本书的主旨是帮助你提高成绩，你的爸爸妈妈买下它是为了帮你找到刻苦学习的动力。但那种持续终生的真正动力只能由内而来。贴纸和笑脸可以激励幼儿园的小朋友，"干得不错"的称赞可以鼓舞初中生。而要让你相信努力学习的意义，还需要拿出一些更有说服力的证据。

我希望在我的帮助下，你已经鼓起了努力的勇气，至少你对自己不努力的原因有了更深刻的认识。接下来我要做最重要的一件事：帮你找到真正的动力。

前面我已经摆出了我的论点：好好学习是十分有必要的。取得好成绩可以让你有更多成功的机会，并且可以改善你与父母的关系。尽管个别高中辍学的人后来的确成了成功人士，但对大多数孩子来说，接受教育、提高成绩仍是增加成功机会的重要途径。

但如果成功不是你的人生目标呢？成功是一个非常抽象的概念。再者说，成功是什么意义上的成功呢？金钱、快乐还是社会地位？

所以，我们不讨论成功，我要让你去思考如何获取动力、如何去感受自豪，让你去寻找并奋力获得令你自豪的东西。

自豪感能激励你成为最好的自己，并因此让未来的你对当下的你心怀感激。它就像内心的一个声音，帮你认清自己是谁、相信什么以及想成为什么样的人。它让你相信，你已经万事俱备，只要向目标进发就能抵达成功的彼岸。自豪感能帮助你确定目标，激励你去学习实现目标所需的本领。

我要说明一点，自豪并不是自大。真正的自豪感并不是优越感。实际上，当你能体会真正的自豪感时，你会感激所有帮助过你的人以及你为此付出的努力和时间。

为了成为那个令你自豪的自己，你现在需要做出一些改变。

改变并不容易，不过你不必一蹴而就。是否改变也由你自己决定。我给出建议，由你来决定是否采纳。为了帮你做出决策，我现在需要你再完成一项作业（这项作业很简单，我保证）。在下面的表格（表 12-1）内分别写下做出改变和不做出改变的好处与代价。

表 12-1　做出改变和不做出改变的好处与代价

做出改变的好处	不做出改变的好处
做出改变的代价	不做出改变的代价

人们有时候很难破旧立新，即便他们心中清楚这样做利大于弊。因此，把利弊得失列于纸上，可以帮助你决定走哪条路。

如果你已经下决心改变，那么我有一个特殊的公式可以帮助你。不过，请允许我先讲一讲乔丹、杰克和胡安的现状。

首先，他们都考上了大学，并且学校都比他们父母所预想的要好。更重要的是，这些学校都很适合他们。乔丹的学校所在的城市离他的家乡很近，现在他即将毕业。大学生活还算顺利，虽然他仍时有松懈。回首过去，他后悔自己不够努力，没有好好珍惜学校创造的机会。乔丹仍然在学习善待自己，不过成熟是一辈子的事，是一场长跑，每个人都有自己的节奏，并且没有固定的终点。成长就是当你回首过去，发现原本困难重重的事情现在做起来没那么难了，并且自己的行为准则和人生目标变得更加清晰。

在暑假打工和实习期间，乔丹意识到，与做作业相比，他更愿意做实际的工作。即便从收发邮件做起，他也觉得比学习会计学更有意义。他看不出经济学考试得高分对他事业成功的帮助，但他能规划出一条适合自己的职业上升之路。此外，他喜欢接触不同背景的人，学习与各种各样的人沟通。他仔细观察人们的行为、反应以及交往方式，借此了解人类行为的规律。这些经验将在他未来踏入商界后发挥作用。

进入大学后，杰克让所有人对他刮目相看，这让他自己都不敢相信。与高中时相比，在大学交友容易多了，这既让他松了一口气，也增长了他的自信。他不仅加入了学生会，还凭借自己的努力被选为学生会主席。这一角色促使杰克进一步提升了组织能力和人际交往能力，他目前所展现出的这些能力完全超出了他的想象。他还学会了弹吉他，参加了乐队，并且创作了自己的音乐作品。换句话说，这朵晚开的花终归还是怒放了。杰克在大学里主修的课程也都具有足够的深度，能够让他保持兴趣。尽管他仍然会在深夜赶论文，但是教他的教授们都一致认可他的独立思考和研究能力。这种认可对他来说意义重大。与许多刚毕业的学生一样，他现在有一点儿迷茫。他目前对政治感兴趣，正在参加一场当地的竞选。他今后也许会从政，也许会从事学术研究。

胡安进入了广告行业，这是他上大学前从未考虑过的领域。广告创作激发了他的创造性，锻炼了他的能力。毕业后，他花了 6 个月时间找工作，找到工作后，他又花了几个月的时间认清自己并不适合那份工作。坚持了一年后，他换了工作，并从此开始了自己的职业上升之路。很难相信这是那个在高中时不做作业的孩子，在高中时，他上自习课都需要老师的监督。

这些年轻人在高中时让他们的父母操碎了心，结果现在一切顺利，甚至还不止于此。尽管他们还有一些问题需要解决，但谁又不是如此呢？更重要的是，他们都在自己身上发现了令自己引以为傲的东西。乔丹引以为傲的是与各行各业的人打交道的能力以及在办公室撸起袖子踏实干活儿的能力。杰克引以为傲的是他不曾想象到的领导才能。杰克一直为自己的聪明才智感到自豪，他在大学里处理复杂课题的经验使他能够独立进行批判性思考、清晰地表达自己的观点。

下面我要分享自驱力公式，来帮助你发现令你自己引以为傲的东西。

责任 + 能力 = 自豪感

为了做令你自豪的事情，你必须以你的行为准则为指导，为自己设定目标。然后，你必须对自己的能力充满信心，并承担责任，以完成那些会给你带来成就感、意义和满足感的事情。

在本书中，我不断地重复一些词语，如果你还没有记住，不妨快速回顾一下。

责任

还记得我告诉过你自主伴随着责任吗？如果你（像地球上的每个青少年一样）想要更多的自主权，你就需要承担更多的责任。只有当你能对自己的选择和行为负责时，你才算是自己的主人。

通过以下方式对自己负责。

● 当你开始与父母进行权力斗争时，你要有所察觉。

● 合理利用时间。

● 制订写论文和备考的计划。

● 善于运用大纲。

● 练习提升专注力。

● 认真寻找拖延的根源。

● 质疑你为自己找的理由。

● 审视自己的冲动行为和决定。

● 进一步走出舒适区。

● 不要受焦虑的欺骗而认为自己不能尝试某事、不属于某个地方或者不会成功。

● 挑战渗透进你意识之中的固定思维模式。

● 当你认为自己不能变得更聪明、更优秀时，使用充满魔力的"我现在还……"来转变思维模式。

● 当事情变得艰难或者是时候走出舒适区时，用"我认为我行"来激励自己。

● 用你心中排名前五的行为准则来指导你做选择、参与活动或与人相处。

● 设定一个长期目标，然后将其分解成短期易行的小目标。

● 问自己："我做出这样的选择是在帮助还是在伤害未来的自己？"

上面罗列的可不少，也许你已经按照其中一些做了，如果还没有，请从头读一遍，并思考以下问题：哪些是最容易做到的？然后，就从最容易做到的开始做。哪些可能会让你的学习变得高效？最重要的是，哪些会增强你的信心，让你产生自豪感？

优势

在本书的开头，我已经驳斥了"你没有发挥你的潜能"的观点。"潜能"是我最讨厌的词，现在，让我们用别的词来取代它。与其追求虚无缥缈、你永远都感到欠缺的潜能，不如发掘你自己的优势。发掘优势是青春期最迷人的事情。进入青春期，你开始对自己的优势有了一些了解。希望你不断发掘自己的优势，练就新本领，做出新成绩。

为了发掘你的优势，你需要忍受不适感，尝试新事物并坚持一段时间，以确认自己是否擅长。除此之外，别无他法。你需要发掘的优势可能是在长曲棍球比赛中的进球能力，也可能是写作能力、文档阅读能力和逻辑思维能力。我想让你去探索你自己在各个方面的优势。优势有助于你实现目标，这些目标可以是任何你想要得到的结果：考上大学，写出学术论文，提高乐器演奏水平，找到工作，甚至创业。优势与你的天赋和个人经历密切相关。然而，只要具备成长型思维（还记得这一概念吗？），你便拥有无限可能。

遵照自驱力公式去做，你会惊讶于自己所取得的成就；你会发现父母不再说你好逸恶劳，不再说你还没有发挥你的潜能；你会夜以继日地向目标疾驰，并不断突破自己能力的边界；你不再把任务推给未来的自己，不再臆想灾难。从今天开始，你可在自己的行为准则的指引下待人处事。深入发掘你的优势，努力不辍，争取做到为自己感到骄傲。最终，你得到的将是任何人都夺不走的财富。

给家长的话

恭喜你！在你的帮助下，你的孩子完成了本书的全部或部分作业。这些作业可能超出了你的预料。也许，你本希望在我的引导下更多地参与孩子的学习，更密切地监督他，并学习一些方法以发掘他的学习自驱力。事实上，这些作业的目的恰恰相反。你是否还记得自驱力的三要素——掌控感、能力自信和与他人的联结感？本书每一章的作业都是为了帮助孩子获得掌控感和能力自信。家庭活动的目的是增强你和孩子之间的联结感。

我希望这些活动有助于你和孩子更有效地沟通，更好地理解彼此，相互之间多一点儿尊重。许多活动都要求你敞开心扉，分享一些隐私，以便让孩子更好地了解你。换句话说，我要求你做的都是你每天要求他做的事情：置身险境。你可能没有意识到，当你鼓励他在学校里加倍努力时，你是在要求他放下戒备心理，去冒险，甚至去体验失败。你认为他要变得优秀就必须敢于尝试，但遗憾的是，他对自己没有这样的信心，他需要你的支持和鼓励。这就是自驱力的要素之一——与他人的联结感。我由衷地希望你已经在你的育儿工具箱中添加了一些得力的工具，比如"倾听"。然而，归根结底，养育孩子并不像学会某些技巧那么简单，你需要处理好与孩子之间的关系。让你们彼此之间充满信任，是你能为你的孩子和你自己做的最好的事情。

确定性

要是有一个能预知未来的水晶球该多好！

自律

能约束自己。

掌控感

做自己的主人。

责任感

对自己的选择负责。

健康

保持健康。

信任

信任他人的品格和能力。

自律的人总是心中有目标。自律意味着牺牲暂时的冲动或欲望来支持长期计划。自律的人坚信梦想可以实现，坚持和努力终有回报。

重视确定性的人希望事情的发展尽在掌控之中。了解未来的情况可以让人感到稳定和安全。那些渴望确定性的人厌恶意外和风险。

承担责任意味着接受自己的行为所产生的后果，还意味着无论你做什么，都要自己兜底。

你已经准备好去做想要做的一切，以便事情按照你预期的发展。你是一个能对自己的行为负责的人。无论发生什么事，你都已经准备好做出决策。掌控感可能源于一个人对安全感的需求，也可能源于野心。

日常生活中我们总是要有所依靠，依靠的对象也许是一个人，也许是公交时刻表，也许是汽车。对你来说，成为一个大家都信任的人重要吗？

你是一个在乎饮食的人吗？健康对你来说重要吗？也许你是一名运动员，需要增强力量。偶尔吃些薯片或糖果也无妨，毕竟你还是青少年。但如果你在意自己的身材，你就应该有规律地锻炼，并坚持健康饮食。

承诺

做出承诺，遵守承诺。

本领

具备值得赞叹的技能。

财务稳定

能养活自己。

挑战

走出舒适区，迎接挑战。

娱乐

富有趣味，善于自娱自乐。

创造力

有想象力和创造性。

有能力的人会通过努力不断进步，而不会止步不前。他们总是渴望进一步学习和磨炼自己，因为他们知道能力无上限。

信守承诺，履行你对别人的诺言。重视承诺的人会赢得他人的信任和尊重。

你有接受挑战的勇气吗？你希望超越过去的自己吗？你喜欢尝试未知的新事物吗？你还能走多远？你还能跑多快？你能演奏贝多芬的钢琴协奏曲吗？你敢追求 4.0 的平均学分绩点吗？让我们看看你的本事吧！

对那些重视财务稳定的人来说，他们在乎的不是金钱本身，而是金钱带来的地位和安全感；他们在乎的是生活，希望有足够的金钱来维持这种生活。虽然用金钱买不到幸福，但金钱确实能提供丰富的物质生活，以及更好的选择。

有创造力的人有无限的想象力，他们从不满足于教科书上的答案或千篇一律的方法。在年幼时，如果得到了一个新玩具，他们会无视大人的指导，而用自己的方式玩耍。无论做什么事情，有创造力的人都会发明新方法，用新眼光看待事物。

生活并不总是有趣的，但如果你觉得生活毫无趣味，你就有麻烦了。随着年龄的增长，娱乐不仅对你的身心健康至关重要，还极大地影响你应对困难和挑战的能力。让欢乐在你的眼睛里闪闪发光，让微笑在你的嘴角随时绽放，这样可以防止你钻牛角尖。同时还要记住，娱乐就是娱乐，不用太较真！

友谊

与同伴建立感情。

人缘

给别人留下好印象。

接纳

被接纳，得到认同。

同情心

理解他人的痛苦。

欣赏

因自己的付出或能力而被人认可。

爱

这是一种深沉的情感。

人是社会性动物。希望别人喜欢自己是人的天性。对一些人来说，有三五好友就够了，而另一些人则希望自己的朋友圈足够大。每个人都希望自己是受欢迎的人。

朋友为我们提供了一种归属感，让我们认识到自我价值。以心换心才能交到朋友，为此，你一定不要吝惜你的关心和友善。

在交流中，你需要理解对方的感受。除了理解，你还应该试图减轻对方的痛苦。富有同情心的人通常也善解人意。

在某种程度上，我们都渴望被接纳，害怕被排斥。被接纳是人最重要的需求之一，它让我们变得自信，让我们觉得自己的存在是有意义的。

爱有很多种，恋人之间的爱、兄弟姐妹之间的爱、祖孙之间的爱、主人对宠物的爱……我们都渴望爱，这是人的基本需求之一。

谁不希望被欣赏呢？被欣赏意味着别人觉得你为他们的生活增添了光彩或具备他们所看重的品质。

热心

无私，利他。

自主

追求自由，承担责任。

宽恕

愿意原谅别人。

忠于自我

做真实的自己。

独立

自力更生，自给自足。

雄心

强烈渴望成功。

自主是自己做决定的自由，而非为所欲为的自由。自主伴随着责任。如果你做得对，你会因此受益；如果你做错了，你必须承担相应的后果。

你知道快乐源于帮助他人吗？这被称为"利他主义"，它的核心是无私。真正的利他主义者会优先满足别人的需求。下次，当妈妈让你倒垃圾时，想想帮助别人的感觉——多么美妙！

真实的人不需要证明自己。他们不从众，在任何情况下都做他们自己。当被征询意见时，他们会坦诚地回答，即使他们的意见不被别人所接受。

在切罗基人中流传着这样一则寓言。一位祖父告诉他的孙子："你心中有两头狼在较量。一头充满痛苦、愤怒和仇恨，另一头富有同情心、慷慨并且随时准备原谅对方。"孙子问："哪头狼会赢？"祖父回答说："你喂得最多的那头。"宽恕的实质是相信他人的善良，相信每个人都会犯错。

设定远大的目标，然后拼搏奋斗直至实现目标。雄心勃勃的人相信自己。他们知道只要自己愿意学习并且百折不挠，他们的梦想就会实现。

独立的人喜欢自己做决定。他们有亲密的朋友，但最终还是自己做决定，这能让他们体验到安全感和掌控感。

竞争

不安于现状，想做得更好。

合作

朝着共同的目标努力。

坚忍

坚持，执着。

平等

权利平等，机会平等。

卓越

技高一筹，追求不凡。

公正

公平、正义。

我为人人，人人为我。出色的足球运动员知道，与他人合作比独自努力取得的成就更大。虽然他们很想得分，但他们决不执着于得分，他们更重视团队的荣誉。

想要赢和需要赢是不同的。喜欢竞争的人想成为第一，同时他们也喜欢通过自身努力达成目标。他们明白，竞争能促使他们发挥得更好，使他们变得更优秀。他们要超越自己。

平等并不容易实现。然而，许多人认为值得为之奋斗，甚至付出生命。人人都享有平等的权利和机会。

坚忍不拔永远比天赋异禀更具威力。《小火车头做到了》中，小火车头告诉自己"我想我能做到，我想我能做到"，从而完成了一项大火车头都无法完成的壮举。有决心的人会坚持下去，即使在自我怀疑的时候。这是因为他们知道，只要不放弃就能成功。

正义确保没有人凌驾于法律之上，所有人都得到公平对待。

那些追求卓越的人每天都在鞭策自己。他们对自己的成绩永不满足。然而，没有人能在所有事情上都做到卓越，所以你需要了解你的优势。

包容

接纳，开放，兼容并蓄。

传统

尊重传统，重视传承。

学习

对新知识、新技术充满渴望。

家

关心家人。

声誉

重视别人对你的看法。

多样

追求变化。

尊重传统意味着尊重习俗和仪式。每个家庭通常都有自己的传统。与传统的连接能满足我们对归属感的需要，并由此明确我们的身份。

包容表现为尊重他人，不管他人的观点和生活方式是怎样的。包容的人重视多样性。

人们对家人的感情往往是复杂的。你每周和哥哥吵好几次架，但当他去上大学时你又开始疯狂地想念他；你讨厌爸爸妈妈给你施加压力，但你伤心时会伏在他们的肩头哭泣，遇到麻烦时会寻求他们的帮助。并不是每个人都足够幸运地拥有一个充满爱、支持和包容的家庭。你如果有幸拥有这样的家庭，请心怀感激。

学习能让我们得到很多东西：知识，看问题的不同视角……它帮助我们形成自己的观点。学习丰富了我们的生活，使世界变得美好。宝贵的学习经历是一种永远不会被剥夺的财富。

重视多样性的人往往过着有趣的生活。如果你的朋友们都爱好广泛，那就坚持与他们做朋友。有他们做伴，你会发现生活多姿多彩。

希望被社会接纳的人努力获得好声誉。你想获得什么样的声誉呢？

冒险

追求刺激，不惧风险。

忠诚

忠心不二。

好奇心

有学习和探索的意愿。

热爱

酷爱某事物，沉醉其中。

幸福

获得满足感和成就感。

成长

学无止境，永远在路上。

忠诚在很多时候意味着自我牺牲。一个忠诚的人是值得信任的，他会履行他的诺言。

冒险家对刺激的活动充满热情。他们不怕冒险，相反，他们会积极地探索未知的事物。冒险家通常是充满激情的人，他们愿意结交新朋友、尝试新事物，喜欢去有趣的地方旅行。

热爱能帮助我们找到真正的快乐。人们可以为自己的爱好倾注大量心血。

如果没有好奇心，我们会走向哪里？如果没有它，莱特兄弟还能造出飞机吗？手机还能问世吗？那些充满求知欲的人总是希望深入学习。

重视成长的人永远不会感到满足，永远在寻求自我提升的机会。成长让我们愿望成真，成为我们想成为的人。

谁不想幸福呢？快乐也很重要，但快乐与幸福不同，快乐产生的愉悦感是转瞬即逝的。找到令你真正感到幸福的东西，确定是什么让你的心儿歌唱。